高等院校艺术设计『十二五』规划教材

VI设计与品牌战略

VI SHEJI YU PINPAI ZHANLUE

主编◎汪　军　尹　晖　邢真真

北京工艺美术出版社

图书在版编目（CIP）数据

VI 设计与品牌战略 / 汪军，尹晖，邢真真主编．—北京：北京工艺美术出版社，2013.8（2024.8 重印）

高等院校艺术设计“十二五”规划教材

ISBN 978-7-5140-0336-9

Ⅰ．① V… Ⅱ．①汪… ②尹… ③邢… Ⅲ．①企业－标志－设计－高等学校－教材 ②企业管理－品牌战略－高等学校－教材 Ⅳ．① J524.4 ② F272.3

中国版本图书馆 CIP 数据核字（2013）第 176310 号

总 策 划：肖大洲

出 版 人：夏中南

责任编辑：梁　瑶

封面设计：侯建军

版式设计：北京纬图博文文化传媒有限公司

责任印制：范志勇

高等院校艺术设计“十二五”规划教材

VI 设计与品牌战略

VI SHEJI YU PINPAI ZHANLUE

汪　军　尹　晖　邢真真　主编

出　　版　北京工艺美术出版社

发　　行　北京美联京工图书有限公司

地　　址　北京市西城区北三环中路 6 号　京版大厦 B 座 702 室

邮　　编　100120

电　　话　（010）58572763（总编室）

（010）58572878（编辑室）

（010）64280045（发　行）

传　　真　（010）64280045/58572763

经　　销　全国新华书店

印　　刷　河北文盛印刷有限公司

开　　本　889 毫米 ×1194 毫米　1/16

印　　张　7.5

版　　次　2013 年 8 月第 1 版

印　　次　2024 年 8 月第 2 次印刷

印　　数　3001 ～ 7000

定　　价　44.80 元

前言

当今是一个品牌概念盛行的时代。在激烈的市场竞争中，品牌已经成为提高企业核心竞争力的关键，品牌塑造的成功与否会直接影响到企业的生死存亡。一个成功的品牌不仅能给企业带来知名度和美誉度，还能给企业带来更多的经济效益和更长久的生命力。

在买方市场条件下，消费者的选择更具多样性。商品的造型设计、包装设计、展示设计、广告设计等视觉识别与品牌战略范畴的艺术设计，在很多时候就成为影响消费者选择购买某种商品的重要因素。因此，企业在塑造品牌的过程中，必须考虑企业的标志、标准字、标准色、辅助色、基本元素组合规范、办公事务用品、包装类、旗帜、招牌指示、员工制服、广告类、交通工具、环境、店铺、网页等。而这正是 VI 设计的任务。

VI 设计是在企业自身正确定位的基础之上，基于正确品牌定义下的视觉表现。VI 设计是一个企业的外在形象实体，不仅能坚定企业正确的品牌方向，而且能够使人们准确而快速地对企业视觉形象进行深刻的记忆。《VI 设计与品牌战略》将 VI 设计与品牌概念相结合，在充分解析视觉经济的前提下，深入讲解 VI 设计的原理、内容、方法与导入程序，进而树立品牌战略意识。

本书汲取了以往同类图书的优点，从基础入手，系统地介绍了 VI 与 CI 的关系。全书大致可分为 VI 基础和 VI 应用两个部分。VI 基础部分介绍了企业的标志、标准字、标准色、辅助色、基本元素组合规范等；VI 应用部分介绍了企业办公用品、旗帜、招牌指示、员工制服、交通工具、环境、店铺、网页等的设计。

鉴于高校视觉传达设计方向专业教学的特殊性，本书的内容相对精炼。本书的主要编写目的，在于阐述基础知识，帮助读者积累相关设计素材，并引导读者通过阅读本书，了解相关专业、行业的最新动态，在实践中领悟设计理念，提高设计技能。

本书引用了“十二五”期间国内外众多优秀企业 VI 设计实例，集合了几百张 VI 设计资料图片，并给予点评赏析，图文并茂，加强了本书的可读性。本书分门别类地对 VI 设计中相关的各个要素进行系统的讲解，使读者对VI设计有一个整体的认知和了解，并为以后的设计提供大量的图形素材。

为扩大读者知识面，把握学科及行业发展前沿，教材在一些章节中引入相关专家对本学科的一些新见解。这些见解目前虽尚未成为学界共识，但阅读这些资料，有助于读者打开思路。

出于教学目的，在编写过程中，编者参考了大量文献资料，引用了众多的优秀设计作品，使用了一些知名企业的 Logo，限于客观条件，编者未能全部联系上这些文献、作品的作者和版权所有者，编者在此深表歉意，敬请相关作者和版权所有者主动联系本书编者，并在此对相关作品的版权所有者、设计师等，表示崇高的敬意！

限于水平，书中难免错漏，敬请读者批评指正。

——编者

编 委 会

主　编：汪　军　　尹　晖　　邢真真

副主编：李培培　　邓洁茹　　罗　希

　　　　秦娅娜　　耿沛甲　　张芸芸

参　编：李　婧　　柴佳莉　　郭　荣

目录 CONTENTS

第一章

CIS 概述

CIS 是英文 Corporate Identity System 的缩写，意思是“企业统一的、同一的、内外有效的识别系统”，即将企业文化与经营理念，统一设计，利用整体表达体系（尤其是视觉表达系统），传达给企业内部与公众，使其对企业产生一致的认同感，以形成良好的企业印象，最终促进企业产品和服务的销售。因此，对一个企业来说，CIS 的意义在于：

对内，企业可通过 CI 设计对其办公系统、生产系统、管理系统以及营销、包装、广告等宣传形象形成规范设计和统一管理，由此调动企业每个职员的积极性、归属感和认同感，使各职能部门能各司其职，并协同合作。

对外，通过一体化的符号形式来形成企业的独特形象，便于公众辨别、认同企业形象，促进企业产品或服务的推广。

一般而言，传统的 CIS 主要由理念识别（Mind Identity，简称 MI）、行为识别（Behavior Identity，简称 BI）和视觉识别（Visual Identity，简称 VI）三部分构成。随着现代经济的发展以及审美规律的变化，现代 CIS 有了新的延展，主要有以下几个方面的内容：环境识别（EI）、店面识别（SI）和听觉识别（AI）。

图 1-1　AEG 公司

图 1-2　CBS 公司

第一节　CIS基础

一、CIS 发展简述

CIS 是一种现代企业经营战略，它的出现是工业时代企业的大量涌现，以及相应的市场激烈竞争的结果。早在 20 世纪初，意大利企业家密罗·奥利威蒂在伊布里亚开设工厂生产打字机，为了提高自己产品的竞争力，他开始重视企业商标的设计，并使其不断完善，以此举提升企业形象。

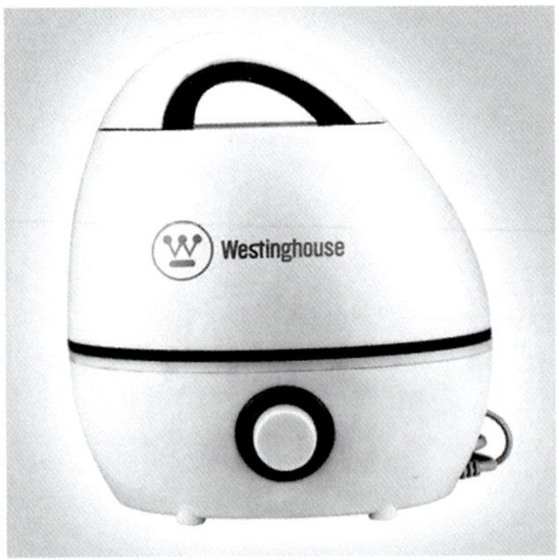

图 1-3　西屋电器公司

1914 年，德国著名建筑学家比德贝汉斯受聘为德国 AEG 电器公司的设计顾问，并为其进行了统一的商标、包装、便条纸和信封等设计，这为统一企业视觉形象起到了积极作用。这些商标、包装等的设计虽还不能视为严格意义上的 CIS 设计，却可以看作企业形象的雏形。（图 1-1）

CIS 正式发轫于 20 世纪四五十年代的美国。这期间美国先后有三家企业引入 CIS 设计，他们分别是 CBS 公司（哥伦比亚广播公司）、IBM 公司（国际商业机器公司）和西屋电器公司。在这三家公司中，又以 IBM 公司的标志设计最为著名，海洋的深蓝色是其企业标准色，寓意拥有世界上最深奥的高精尖端技术，条纹状的图形表示深蓝色海洋的水层波纹，给人以睿智与成熟的视觉印象。因此，有人将当时 IBM 公司导入 CIS 计划视为 CIS 创立的标志。（图 1-2 至图 1-4）

图 1-4　IBM 公司标志发展

CIS 的导入使很多企业取得了良好的经营业绩，如克莱斯电梯公司在 20 世纪 60 年代初，通过导入 CIS 迅速将企业产品的市场占有率提高了 18%；1970 年，可口可乐公司导入了 CIS，改造了世界各地的可口可乐标志，结果在世界各地掀起了 CIS 的热潮。（图 1-5、图 1-6）

20 世纪七十年代初，日本从美国引进了 CIS 战略。日本在导入 CIS 方面大致经历了五个阶段。第一阶段是视觉设计的标准化，例如标志、标准字、标准色等；第二阶段是建立企业市场战略；第三阶段是强化员工变革意识与企业机制改革；第四阶段是建立和完善企业形象；第五阶段是构筑新型企业理念。日本企业的学习与创新能力均很强，因此，在即使是在引入 CIS 战略之初，日本也并非完全照搬美国的风格和做法，而是结合本国的民族文化和管理特色，并根据客观条件不断进行创新尝试。在此期间，日本诞生了许多成功的 CIS 案例，塑造了众多国际化的知名品牌。（图 1-7）

图 1-5 克莱斯电梯（中国）网站 banner

图 1-6 可口可乐公司

图 1-7 日本索尼公司产品

图 1-8　新加坡航空公司

图 1-9　香港电视广播有限公司

图 1-10　台湾宏碁集团

20世纪80年代前后，CIS传入东南亚，中国港台地区在70年代末导入CIS也取得了一定的成就，塑造了一些知名品牌。（图1-8至1-10）

自改革开放以来，中国特色社会主义市场经济在中国内地迅速发展，企业竞争日趋激烈，许多企业经过学习，也渐渐认识到品牌的重要性，并导入CIS战略。1988年8月，太阳神集团公司导入CIS战略，使其成为当时家喻户晓的知名品牌，取得了巨大成功。随后，健力宝、TCL、娃哈哈、美的、万家乐、华帝、康佳、三九等企业普遍开始关注CIS战略，并认识到CIS是征战市场一大行销利器。20世纪90年代以来，中国出现了许多CIS策划与设计等专业公司，为企业设计和导入CIS、提高企业的竞争力作出了贡献，也塑造了一些国际知名品牌，如海信、联想、李宁等。进入新世纪，中国的CIS开始向纵深发展，其典型特征是以品牌为导向和核心，将导入CIS的着力点集中在建立和培育国际知名品牌、实施品牌战略、提高市场竞争力这一主线上。（图1-11至图1-13）

图 1-11　太阳神集团

图 1-12　娃哈哈集团

图 1-13　海信电视

二、CIS 与快速识别

在激烈的市场竞争中，企业及其产品如何快速被消费者从众多的同类产品中识别，如何通过特定的颜色、包装外观等吸引消费者的注意，在很大程度上决定这企业产品的市场占有率。特别是在当今产品种类丰富、产品风格趋同、生活节奏加快、个性需求裂变等综合因素影响下，企业产品能否被消费者快速识别，更是在某种程度上决定企业的生死存亡。

众多知名企业的实践证明，企业产品越能在市场上获得巨大的成功，与产品的视觉个性特色分不开的。例如，苹果、无印良品、百事可乐、3M、微软、惠普、沃尔玛、三星等，其标志和企业形象都有着各自不同的鲜明特性，涵盖性比较强，个性突出，能够被人快速识别，且印象深刻。（图 1-14 至图 1-19）

图 1-14　苹果公司

图 1-15　无印良品

图 1-16　3M 公司

图 1-17　微软公司产品

图 1-18　沃尔玛超市

图 1-19　三星公司产品

总的来说，影响产品和企业被社会公众快速识别有两个关键因素：充分的竞争环境和过度的信息传播。

1. 充分的竞争环境

竞争环境是一个综合概念，包括技术、市场、产品、贸易、媒介、人、传播等各种组成要素。竞争环境的变化，要求企业适时采取不同的研发途径和行销手段，形成不同时期的核心竞争力。市场在不同时代的表现形式大致可作这样的划分：20 世纪 60 年代市场的竞争表现为技术的竞争，70 年代表现为管理的竞争，80 ～ 90 年代表现为营销的竞争，而到新世纪则直接表现为品牌的竞争。下面，我们不妨从技术、市场、产品等方面，对 1950 年代以来的竞争环境的巨变做一个对比分析。

表 1-1　竞争环境的组成要素

年代 因素	1950s	1990s	2010s
技术	在一大群追随者中只有很少的领导者具有较大的优势	技术转移的速度缩短了，企业共享技术，差距缩小	技术往往不是核心竞争力了
市场	大众市场伴随着适度的竞争市场	大众市场伴随着侵略性的竞争	以 WTO 为大平台，进行自由贸易和有序的竞争
产品	生产稳定，产品单一	细分与定制，生产能力产生灵活变动	生产在时间、空间多样化和个性化
贸易	生产商决定贸易场所和时间，贸易分散	生产商集中贸易，强力控制	生产商再分散，贸易网络化，物流业发达
媒介	长期的电视和报纸统治	个性化媒体开始使用，电子商务产生	个性化和多样化，自媒体科技强化，电子商务发展迅猛
人	大众口味，传统的价值	个人主义的口味，新价值，新生活	众口难调，善变
传播	产品性能的简单阐述	感性表达，隐喻	时尚化，性感化，符号化，概念化

企业形象快速识别的重要性首先与企业承受的营销压力有关。我们已经进入了“相似或雷同营销”的时代。一个品牌处于革新时期就会产生新的标准，其他品牌紧追其后，不希望在这个领域中落后；这样，就产生越来越多的相似产品和相似营销，甚至是雷同营销。其次是技术因素，技术也是引起产品相似的原因之一。为什么汽车的生产厂家不同，但汽车看起来又十分相似呢？汽车制造商们关心的是燃料的经济，牵引的动力，乘坐的舒适，随之产生设计、载客量、机械状况、技术发展的限制，最终造成了汽车相似的外观。另外，繁多的经营方式也对识别产生了严重威胁。不断涌现的新品牌渗入新市场，带来新销路，这不仅产生了一个分散的或不连续的信息，也逐步形成一种“拼凑或抄袭形象”。比如，东芝为了使自己适应每个细分市场，其经营以年轻、充满活力的形象出现在高保真音响领域；同时，又以一个十分严肃的形象出现在其计算机的广告中；它们的电视机和录像机的广告又转变为一种真实的抒情。在这些充分的且不断变化的竞争环境中，品牌形象就失去了固有特质，难以快速识别。苏宁电器密密麻麻的促销单表明，团购促销就是有利的竞争手段。奥运会无疑能为品牌带来大量有效的曝光机会，从伦敦奥运会的主力赞助商榜单中，我们可以看到别克、英菲尼迪、VISA、宝洁、OUTBACK 和 at&t 等 90 多个著名品牌均上榜，激烈竞争环境可见一斑。（图 1-20 至图 1-21）

图 1-20　苏宁电器节假日的促销

图 1-21 奥运会的主力赞助商

2. **过度的信息传播**

过度传播的信息环境是理解企业形象快速识别重要性的第二大因素。信息环境指与人类信息活动有关的各种因素之和。在信息技术的影响下，社会的信息化程度不断提高。据统计，信息产业已经成为全球增长最快的产业。1995 年世界信息产业的总产值为 8000 多亿美元，1996 年超过了 10000 亿美元，2000 年这一数字已经增加到 30000 亿美元。进入 21 世纪后，每年呈现 30% 以上的速度递增。信息环境已经成为人类生活环境的重要组成部分。我们现在所处的一个信息开放和信息过度传播的社会。1996 年诞生的电视频道就比电视发明后所开设的频道总和还要多；收音机用户发展到 5000 万用户花了 30 年时间，电视机用户发展到 5000 万花了 13 年，而因特网发展到 5000 万用户只用了短短的 4 年。新浪微博自 2009 年底诞生以来，短短四年时间用户已达 5 亿；2011 年初腾讯公司推出微信，近五年时间里其用户数呈野蛮式增长，2015 年已达到 5.5 亿用户规模。消费者每天面对着成千上万的广告信息和新闻信息。站在城市的 CBD，环顾四周即可明白：我们的生存环境是多媒体、多渠道、多感受和数字化的世界。通信和交通在网络传播中，不管品牌大小，大家的机会都是相等的，小企业也能展开全球业务，这对过去立足稳健的大公司构成了新的竞争威胁。（图 1-22）

图 1-22 充斥霓虹灯的 CBD

在这种情况下，产品名称、技术、特色、优惠、促销都不足以引起关注，不足以吸引消费者。企业或产品想要赢得消费者，其形象必须能带来便于记忆的强烈感官感受，而且这种感受必须与厂商、产品或服务相联系。设计企业形象识别系统能全方位地创造一种便于消费者感受的美学价值。美国著名营销理论专家莱利.莱特早在 20 多年前就说：“未来的营销是品牌的战争。商界与投资者将认清品牌才是公司最宝贵的资产，拥有市场比拥有工厂重要得多，而拥有市场的唯一途径就是拥有具有市场优势的品牌。”过度信息传播的市场背景下则需要更多地关心定制化、个性化、差异化、网络化和价值透明化等方式，以促进企业的发展。企业形象的塑造与建设成为一个企业或国家经济发展的最重要的战略。F1 赛事呈现了快速、深刻、刺激的视觉感受，在全球的收视率极高，是塑造品牌的宝贵渠道，其小小赛车身上满是企业 logo。（图 1-23）

图 1-23　充斥着广告信息的 F1 车身

三、CIS 的功能

从本章的引言中，我们已经了解到 CIS 有内外双重功能。对内，CIS 在改善企业内在机制，创造良好的经营环境等方面具有任何一种经营战略都无法比拟的作用；对外，CIS 战略能吸引优秀人才，使企业摆脱困境，促进产品销售，拓展事业领域，改善公共关系，强化品牌形象。除此之外，CIS 还有感召功能，例如拓宽融资渠道、增强投机者的信心、吸引优秀人才等。图 1-24 直观地展现了 CIS 中关系企业、消费者、员工和媒体之间的密切关系。

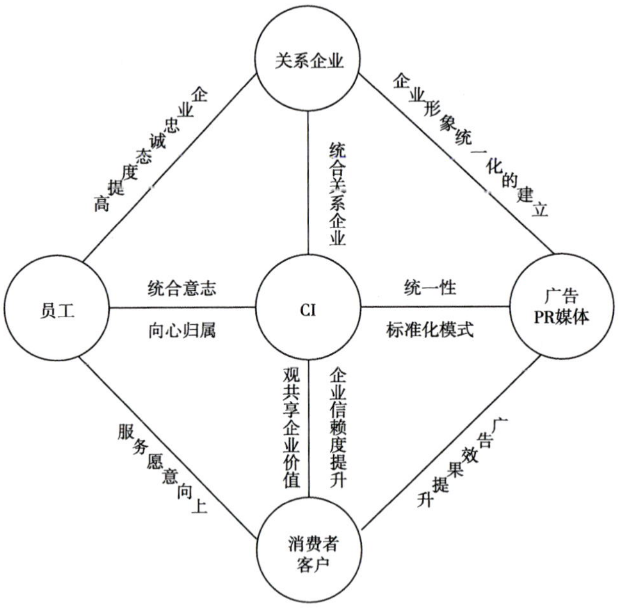

图 1-24　CIS 功能示意图

1. 内部功能

CIS 的内部功能主要体现在提高企业内部凝聚力、规范员工行为、整合企业各组成部分等方面。

（1）提高内部凝聚力。企业内部凝聚力是企业从事一切生产与经营活动的保证。许多企业经营走下坡路往往是因为缺乏凝聚力，员工人心涣散，缺乏共同理想、追求、信念与价值，缺乏责任感和归属感。个人打着小算盘，随时都有可能跳槽。部门之间缺乏配合，互相推诿，甚至互相拆台。这样的企业即使有再多的人财物的投入，也无法谋得长远发展。通过导入 CIS，统一内部认识，树立企业形象，是提高凝聚力的一个有效措施。

（2）规范员工行为。多元化、集团化、国际化的现代企业，需要一套良好的、操作性强的统一的管理系统。CIS 开发完成后所形成的所有规范内容，会形成手册，这个手册集合了企业几乎所有的操作规范，包括言谈举止、客户服务、产品研发规程等，因而对企业所有成员都有着约束作用。将手册发到企业各个部门，严格执行，全体员工共同遵守，以保证企业识别系统的统一性和权威性。企业的各项活动，由于贯彻了 CIS 手册规范的内容，从产品的生产、销售到服务，从员工的生产、生活到教育培训都有条不紊。例如，麦当劳公司市值为 400 亿美元，年营业额超过 180 亿美元；其在全世界的现有门店数为 30000 个左右，其中加盟店已占了 65%，在美国本土加盟店占 85%，平均单店的年营业额为 60 万美元。由于麦当劳导入了 CIS，管理方面有规则可循，全球门店的统一度达到了惊人的程度。无论顾客走入哪家门店，他们都能看到风格一样的装修，都能得到份额相同、风味一样的汉堡。麦当劳一本厚达 385 页的 CIS 手册，包括《经营训练手册》《岗位检查表》《质量指导手册》《管理发展培训》等数个部分，小到洗手、刮胡子、修指甲，大到经营管理、岗位培训、激励等，都规定得十分细致。（图 1-25）

图 1-25　麦当劳在全球各地的门店

（3）整合企业各组成部分。多元经营的国际化大企业，各子公司的向心力和归属感尤为重要，如何共同利用经营资源，如何协同整合效应，在新旧经营项目之间，寻找多处资源共享的环节，使得一种资源产生多种效用，从而把各项经营联合起来，相互扶持，共同成长。如果一个集团企业，其子公司在价值观、经营理念、行为规范和视觉系统上不统一和协调，仅靠领导的发号施令，难以把企业统一起来，不能发挥应有的集体效益。CIS 可以建立一个客观的约束机制，使各子公司相互沟通和认同，相互协作和支持。

2. 外部功能

CIS 的外部功能主要体现在：能使企业形象得以有效传播，并被社会公众快速、准确地识别。

在信息化社会，各类资讯泛滥成灾，若没有信息标志和筛选方法，将会极大地降低我们的工作效率，增加时间成本。CIS 通过统一的视听形象设计，集中而系统地处理企业信息，简化了信息，规整了传播秩序，强化了传递信息的冲击力，使企业在公众心目中形成深刻的印象。与之相适应，CIS 有深刻的理念和内涵，是企业产品、历史、规模、质量、技术、价格、价值和服务集中而生动的体现，且具有丰富的情感，公众在认可和接纳企业理念后，会对企业的文化和风格产生持久的依赖。

3. 感召功能

严格地说，CIS 的感召功能属于其外部功能之一。为了便于读者对 CIS 的感召功能有一个更加清晰的认识，此处将其从外部功能中单列出来。

图 1-26　苹果广告表现出感召力

图 1-27　汽车广告中突出驾驶者的舒适性和乐趣

图 1-28　创意广告能吸引优秀人才

图 1-29　夸张的迪卡侬形象广告

CIS 的实施及随之树立的企业形象，会使企业形成一种强烈的感召力，为企业营造一种和谐的外部环境，从而获得社会公众的支持。这主要体现在三个方面：

（1）有助于拓宽融资渠道。资金是企业发展的首要条件，任何企业在运营过程中，必须保证有足够的周转资金以应对市场风险。在当今形势下，社会舆论对企业形象有着十分重要的影响，特别是在社交媒体缺乏有效监管的时期，一个谣言也可能为企业带来灭顶之灾。相反，若企业注重外部形象的塑造，就会赢得社会公众的信赖，与之相伴的，则是能赢得金融机构、风险投资机构以及个人投资者的青睐，从资本市场获得企业发展必需的资金。

（2）有助于获得公众信任。企业有了良好的形象，就可能获得公众的信任。相对于那些形象不佳的企业来说，一个具有良好形象的企业，在遭遇各类公共事件甚至是突发危机后，获得政府、银行、同行企业以及社会公众的谅解和同情的概率要大一些，获得的援助也相对多一些。也就是说，一个具有良好形象的企业，在危机面前，渡过难关的可能性相对要大一些。例如，日本丰田汽车由于油门踏板和脚垫的安全故障，自 2009 底开始在全球大规模召回，公司总裁全球“巡回道歉”。最后，这起因为产品质量缺陷导致的危机事件，虽然在短期内对产品销售有一定的冲击，但长期来看，无益强化了公司在全球消费者心目中的形象。换个角度看，消费者之所以仍然不改信任丰田公司的初衷，一个重要的原因，就是丰田一直有着良好的 CIS 系统，有着良好的企业形象。

（3）有助于吸引优秀人才。企业的发展离不开优秀的员工队伍。企业在不断发展过程中，无论是新增业务还是拓展版图，都需要招募德能勤绩突出的新员工。良好的企业 CIS 本身就是具有吸附能力的磁铁，能吸引优秀人才，为企业带来新鲜血液，为企业注入活力和动力。

综上，CIS 与关系企业、消费者、员工和媒体之间的关系密切，对企业发展有重要的促进作用。例如，苹果公司和乔布斯对于消费者、银行和投资者均有巨大的感召力；巧妙的创意广告展示了产品的特性，博得了消费者青睐，吸引了优秀人才（图 1-26 至图 1-28）；再如，HP、迪卡侬的平面广告，以及万科的视觉规范，对内起到了凝聚人气和增强自信作用，对外起到了积极和有效的传播作用。（图 1-29 至图 1-31）

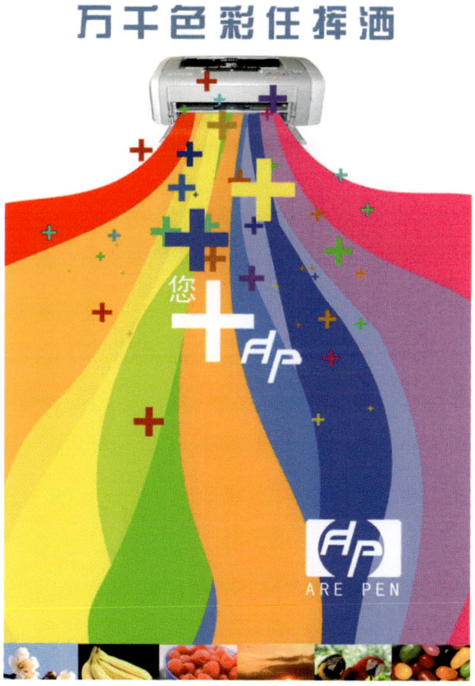

图 1-30 HP 产品广告

图 1-31 万科出版物图片风格规范

第二节 CIS系统

企业识别系统（CIS）主要由理念识别（Mind Identity，简称 MI）、行为识别（Behavior Identity，简称 BI）、听觉识别（Audio Identity，简称 AI）、视觉识别（Visual Identity，简称 VI）四者构成。MI 是抽象思考的精神理念，显现其内涵，表达其精神特质；BI 是行为活动的动态形式，是行为规范的外在表现；AI 是听觉的刺激与反应；VI 用视觉形象来进行差异化、个性化和品牌化塑造。

一、理念识别（MI）

理念识别是一个企业在生产经营活动过程中的经营理念、经营信条、企业使命、企业目标、企业哲学、企业文化、企业性格、企业座右铭、企业口号、企业精神和企业战略等的统一化和标准化。换言之，企业理念是企业在开展的生产经营活动中的指导思想和行为准则。它包括企业的经营方向与方法、经营思想与道德、经营作风与风格等具体内容。理念识别是企业识别系统的核心，它不仅是一企业经营的宗旨与方针，还包括鲜明的文化价值观。对外它是企业识别的尺度，对内它是企业内在的凝聚力。完整的企业识别系统的建立，首当其冲依赖于企业理念的确立。

企业理念有两层含义：统一性和独立性。如果企业领导与员工对企业的使命、制度、规范、价值观等理念不统一，就是缺乏凝聚力，也就是企业理念缺乏“统一性”。要想使本企业的理念区别于其他企业，就必须保证企业的理念具有独立性，以便于消费者或社会公众能将本企业与其他企业区分开来。

总之，企业要增强向心力，就必须使企业的每一个成员对企业的理念都有着清晰、深刻和一致的认识；企业要与其他相似企业区分开，其理念就必须具有独立性。因此，每个企业在确定企业理念时，既要考虑涵盖性、包容性等，又要做到不能千篇一律，要从企业的“个性”入手进行塑造，让企业成员及广大消费者通过这种有鲜明特色的企业理念来认识企业、接纳企业。

一般而言，企业理念主要包括下面三个要素：企业存在的意义，即企业使命；企业的经营理念，即经营战略；企业员工的行为准则，即行为规范。这三个要素之间的关系是：企业使命是企业的最高原则，由此决定企业的经营理念，而经营理念又决定企业每一个员工的行为规范，行为规范体现着企业使命和经营理念，这三者环环相扣、密不可分，共同构成一个理念的整体。三个要素具体内容如下：

1. 企业使命

企业使命是指企业依据什么样的使命开展各种经营活动。企业使命是构成企业理念识别的出发点，也是企业行为的原动力。没有这个原动力，企业将会是处在瘫痪状态，企业即使在营运，也将是没有生气的、无从发展，甚至走向破产。对于企业而言，企业使命至少有两层含义：其一是企业的经济诉求。也就是说，企业为了自身的生存和发展，必然要以实现一定的经济效益为目的。如果企业丧失了这一使命，就失去了发展的动力，逐步萎缩。其二是企业的社会责任。因为企业作为社会的一个构成、一个细胞、一个单元组成，它必须担负着社会赋予它的使命。企业如果只知道经济效益、追求利润，而逃避社会责任，必然遭到社会的惩罚直至被社会所抛弃。

企业要取得成就与成功，其领导人所具有的事业理想、社会责任感等都是十分重要的，企业的理念往往是这种理想和使命的延伸。仅仅靠发财的欲望是无法支撑一个真正成功的大企业，成功企业的领导人必然会自觉地回馈社会。海尔将环保与健康视为企业使命，并提出“一个世界一个家”的洪亮广告语。（图 1-32）

图 1-32　海尔集团广告

2. 经营理念

经营理念即系统的、根本的管理思想。经营理念是管理者追求企业绩效的根据，是顾客、竞争者及科技优势、发展方向、共同信念和企业追求的经营目标。

经营理念是企业对外界的宣言，表明企业觉悟到应该如何去做，让外界真正了解经营者的价值观。如果说企业的存在意义，即企业使命还比较抽象，那么，经营理念就无法停留在抽象的概念上，相对企业使命来讲要具体得多了。一个企业完整的经营理念包括三个部分：对组织环境的基本认识，包括社会及其结构、市场、顾客及科技情况的预见；对组织特殊使命的基本认识；对完成组织使命的核心竞争力的基本认识。

在企业经营理念中，经营战略是一个重要的概念。综合目前接受面较为广泛的几种说法，我们可以这么定义企业经营战略：企业在对社会结构、市场、顾客等外部因素以及对企业使命、产品核心竞争能力等内部因素清醒认识的基础上，为面对各种严峻挑战和激烈竞争，追求不断发展而做出的整体性谋划。更具体地说，经营战略是在符合和保证实现企业使命的条件下，在充分利用环境中存在的各种机会和创造新机会的基础上，确定企业同环境的关系，规定企业从事的事业范围、成长方向和竞争对策，合理地调整企业结构和分配企业的全部资源。

企业经营战略的原则主要有：竞争原则、盈利原则、用户至上原则、质量原则、创新原则、服务原则、效益原则和诚信原则等。例如，一句“男人的世界”点明了金利来专注男人服饰的经营范围和方向。（图 1-33）

图 1-33　金利来：男人的世界

3. 行为规范

行为规范不仅指企业的行为规范，也包括企业每一个员工的行为准则。企业行为规范的类型有三种：创新型，人本型和顾客型。

“创新”型：这一类型的行为规范，其只要特色是提倡创新意识和冒险精神，鼓励员工不断试验，勇于革新，强化企业内部的公平竞争。

“人本”型：这一类型的行为规范的主要特色是：人不是机器，而是有血有肉、有头脑有智慧的创造者。

“顾客”型：其主要特色是“顾客至上”，不仅仅是服务态度和待客利益方面的“至上”，根本在于一切从顾客需求出发。

海尔集团在《海尔集团员工行为规范》的前言写道：

《行为规范》是海尔的“基本法”，是海尔人的高压线，因此我们诚挚地提醒您，如果违反了《行为规范》，我们不得不依照违规程度进行相应的处罚，但处罚不是初衷，发现和解决问题是我们的本愿。

闻名于世界的美国麦当劳的黄金准则是顾客至上，顾客永远第一。提供服务的最高标准是质量（Quality）、服务（Service）、清洁（Cleanliness）和价值（Value），即 QSC & V 原则。

正确把握企业理念应明确三点：在 CIS 中，MI 是企业的灵魂与宗旨，是企业赖以生存的原动力，处于最核心的位置，统率和领导着 BI、AI 和 VI。MI 是当代企业信息传播识别性的内核，MI 不仅是要求企业内部员工明确并掌握的行为准则，而且也是通过媒体向社会公众宣传，并希望得到社会公众认同的精神内核。MI 应该是一个永远开放的体系，应融入文化，适应文化。

二、行为识别（BI）

行为识别包括对内和对外两部分。对内包括对干部的教育，员工的教育（如服务态度与水准，接待方式与技巧，工作面貌与精神等），生产福利，工作环境，生产效益，废弃物处理，公害对策，研究发展等；对外包括市场调查，产品开发，公共关系，促销活动，流通政策，银行关系，股市对策，公益性，文化性活动等。

企业的行为识别几乎涵盖了整个企业的经营管理活动。不同的企业，在内涵上又有所不同。如银行业重视外观形象和社会形象，销售企业重视市场形象等。在企业行为中能直接作用到公众，形成公众印象与评价的因素，主要可分为 7 种形象 24 项因素，包括：

1. 技术形象

技术优良，研究开发力旺盛，对新产品的开发热心。

2. 市场形象

认真考虑消费者问题，对顾客服务周到，善于宣传广告，消费网络完善，市场竞争力强。

3. 公司风气形象

清洁，现代感，良好的风气，和蔼可亲。

4. 未来性形象

形象积极，合乎时代潮流。

5. 外观形象

信赖感强，稳定性高，企业规模大。

6. 经营者形象

经营者具有优秀的素质。

7. 综合形象

一流的企业，想购买此公司股票，希望自己或子女在其公司工作。

企业的行为识别偏重于行为活动的过程，消费者对其认识也需要一定的时间，而且随着时代的变化，企业的行为识别内容也在不断进行调整。企业员工是行为识别的主要载体，员工的举手投足所体现的，都是企业的形象，也是企业行为识别的重要特征。（图 1-34）

图 1-34　端庄大方的营业员

三、听觉识别（AI）

听觉识别是通过听觉刺激传达企业理念、品牌形象的识别系统。听觉刺激在公众头脑中产生的记忆和视觉相比毫不逊色。研究表明，听觉占人类获取信息的 11%，是一个非常重要的传播渠道，颇受广大企业的青睐。听觉识别包含企业歌曲、标志音乐、主题音乐和广告导语和商业名称等。

企业歌曲是一种用歌曲来传递企业形象、文化价值的艺术形式，是用最直接的方式来表达企业的内部文化、产品特质和核心竞争力。企业歌曲对内可以振奋精神、鼓舞斗志、增强企业凝聚力，对外可以显示企业的活力与实力、提升企业的形象。这是企业的基础识别，主要包括企业团队歌曲、企业形象歌曲。前者主要用于增强企业凝聚力，强化企业内部员工的精神理念；后者则主要用于展示企业形象，向外部公众展示企业风貌，以此增强其信任感。

（1）标志音乐。这是主要用于广告和宣传中的音乐，一般是从企业主题音乐中摘录出高潮部分，具有与商标同样的功效，如 Intel 处理器的标志音乐。

（2）主体音乐扩展。这是从高层次出发来展示企业形象，通过交响乐、民族器乐、轻音乐等来进行全方位的展示。

（3）广告导语。一般是在广告语中作的浓缩部分，以很简洁的一句话来体现企业的精神，以凸现企业的个性，如麦当劳的标语："I' m loving it."

（4）商业名称。商业名称要求简洁上口，能体现企业理念。例如保健品企业命为"健康久久"，让人一听名称就对企业理念、经营业务有所认识。

四、视觉识别（VI）

视觉识别系统一般包括基础系统和应用系统两个部分。基础系统设计包括企业名称、品牌标志、标准字、标准色、企业造型、企业辅助图形、企业宣传标语、企业口号、吉祥物等；应用系统设计包括办公器具、设备、招牌、标识牌、旗帜、建筑外观、橱窗陈列、衣着制服、交通工具、包装用品。广告传播等。

在 CIS 所有活动中，视觉识别系统的效果最直接，短期内表现出的作用也最明显。统一的 VI 设计可以在企业对外宣传和企业识别上获得最有效最直接的具体效果。也正因为如此，很多人把 VI 等同于 CIS，在企业形象识别中，视觉的设计是论证 CI 成功的关键。

一般而言，一个良好的 VI 设计应该能具有以下几个要素：

（1）能反映企业的理念识别基本特征。

（2）能反映企业基本经营性质。

（3）必须容易辨认，记忆，具有系统性及严格区别于其他同类企业的鲜明个性。

（4）必须具有美感，让观者赏心悦目，能被绝大多数人接受并能引起他们的好感。

巴黎银行、国美电器、中国联通、Febreze（纺必适）等企业或产品，其视觉识别形象完整，基础系统和应用系统有针对性；视觉形象有鲜明个性，内外传播效果直接、高效。（图 1-35 至图 1-38）

图 1-35　巴黎银行

图 1-36　国美电器的门店

图 1-37　Febreze（纺必适）产品 logo

随着社会节奏越来越快，人们阅读的时间越来越短。与此同时，数字阅读的兴起使人们越来越趋向“破碎化”阅读——随时随地阅读、短暂阅读、不完整阅读，甚至很多人成了标题党。在社会节奏和科学技术双重因素的推动下，读图成为人们的必然选择。因此，仅从阅读内容的表现形式来说，当今社会已经进入“读图时代”，各类图形图像铺天盖地呈现在我们眼前，读图已然成为风尚。一方面是主体视觉行为负担过重，电影、电视、杂志、画报、卡通这些典型视觉样式自不待言，就是传统的以阅读为主的印刷物，图像一类的视觉因素比重也在不断上升。另一方面则是人们理解世界越发依赖视觉行为，我们通过电视新闻来感知世界，通过图像、图形和图例来讲解知识，通过电影、电视剧来了解古典文学名著和历史，甚至通过照片、可视电话、电子图像来交往。一言以蔽之，我们正在遭遇一个海德格尔曾预言的“世界图像时代”。图像不仅深入我们的日常生活，成为我们无法逃避的视觉符号追踪，而且成为亿万人形成道德和心理观念的主要资源和渠道。

VI即“视觉识别”，是CIS中直观传达企业形象的要素。在读图时代，VI包含的图形元素、色彩元素等，几乎就是社会公众对企业的全部印象。因此，了解VI的功能，掌握VI设计的原理对企业导入CIS有至关重要的影响。

第一节　VI的功能

在这样一个时代，作为CIS“枝叶、花朵”和“脸”的VI，无疑对企业导入CIS的成败有着重要影响。总体而言，VI的功能有：建立企业形象、传递企业文化、提升企业外部形象、树立企业认同感。

一、建立企业形象

企业要面向社会大众进行宣传，要塑造可视的企业形象，都依赖于视觉传播系统。在宣传过程中，传播的成效大小完全取决于传播系统模式中符号系统的设计能否被社会大众辨认与接受，以及能否给社会大众留下深刻的视觉印象。符号系统基本要素都是传播企业形象的载体，企业通过这些载体来反映企业形象，这种符号系统可称作企业形象的符号系统。

VI是一个严密而完整的符号系统，它的特点在于展示清晰的“视觉力”结构，从而准确地传达独特的企业形象，通过差异性面貌的展现，从而达成企业认识、识别的目的。饮品广告重视对产品纯天然特性的阐释，能拉近了产品与消费者之间的距离，建立产品健康的品牌形象。（图2-1）

图2-1　饮品广告阐释了产品的纯天然特性

二、传递企业文化

通过企业或产品的统一化、标准化、美观化的对内对外展示，传递企业或产品个性（或独特的品牌文化）。VI体系的作用，就是制定出企业标志及其相关视觉化用品的规范应用，而这一点也是企业文化的一部分。在企业标志的不同应用中，可以加入更丰富的内容来展示文化内涵。例如，VI体系中的标志符号指示系统，包括交通指示、商业标牌等，在其完成了指示作用的同时，空间范围内尽可能体现企业特色及文化内涵。

除了 VI 体系中与自身相关的多种应用系统各自的表现外，VI 手册是企业文化的整体体现。EPSON 的视觉识别手册，始终强调着理性及谨慎的态度，冷清的色彩，井然有序的内容，简洁的版式，无声而准确地展示了 EPSON 充满了理智的企业文化内涵。（图 2-2）

图 2-2　EPSON 产品简洁大方的包装设计

三、提升企业外部形象

最早导入企业 VI 设计的美国营销专家汤姆·沃森曾说："就企业相关经营业绩来说，企业的经营思想、企业精神和企业目标远远比技术资源、企业结构、发明创造及随机决策要重要得多。"沃森所说的经营思想、企业精神和企业目标正是企业 VI 设计的主要依据和目标。沃森的这个论断早已被一些国际知名企业实践所证实。

VI 设计能够全面提升企业整体形象和经营管理水平，促进企业经济效益和社会效益的提高，而且优秀的企业 VI 设计能够直接促进产品的销售。有统计数据表明，企业 VI 设计方面每投入 1 元将有 228 元的产出。

图 2-3　YSL 伊夫圣罗兰 Elle 香水视觉设计

总体而言。VI 能有效提升企业外部形象方面，表现如下：

（1）有利于企业克服经营困难，活化企业组织，振奋企业精神；

（2）有利于改变落后的企业形象，树立崭新的企业形象；

（3）有利于明确企业理念，适应"二次创业"需求；

（4）改变不能同国际市场接轨的形象识别系统，有利于适应国际竞争需要；

（5）借助 VI 设计，企业可在新产品上市或实行新的市场战略时，迅速打开市场；

（6）有利于强化企业的对外宣传，改善公共关系；

（7）实现企业的改组、整顿，提高管理效率。

图 2-4　Reishunger 小米包装设计

四、树立企业认同感

VI 可以让人们更直观地感受到企业的文化理念和雄厚的技术实力，完整的 VI 系统不仅让企业视觉形象迅速得到社会认同，也让企业内部员工更有认同感和归属感，从而产生荣誉感，鼓舞士气，促进企业更快更久的发展。伊夫圣罗兰时尚年轻的消费诉求，Reishunger 小米和 Urbio 产品统一标准的包装设计，建立了很好的视觉形象，树立了企业认同感。（图 2-3 至图 2-5）

图 2-5　Urbio 包装设计

第二节　VI设计原理

企业形象是企业自身的重要无形资产，代表着企业的信誉、产品质量、人员素质、服务态度等。良好的企业形象不仅能给企业带来经济效益，同时还能带来社会效益。我们今天处在一个“读图”的时代，企业比以往任何时候都需要一个统一的、集中的视觉形象设计。VI 设计是企业在确立自身经营理念和企业文化价值的基础上，用统一规范的视觉形象和企业行为沟通系统，将企业相关资讯传播出去，使受众对企业形成一致的认同感和价值观。VI 设计是对企业形象有目的、有计划的重塑和传播，换言之，VI 设计是现代企业或产品透过统一的、标准化的设计寻求竞争优势的差异化战略。

VI 作为 CIS 中最重要的视觉识别体系，已不再是简单的设计工程，而是一套价值体系和实施规范，这套价值体系需要通过设计手段来完成。不同的企业，其企业理念、企业文化、企业宣传、企业管理、品牌定位等都各不同，因此，在进行 VI 设计时必须把握契合性、同一性、差别性、文化性、适时性、可实施性和审美性等基本原理。

一、契合性

契合性原理是指 VI 的视觉符号能够准确、完整地反映和传达 MI 的核心理念。根据 CIS 的构成，VI 是企业理念的视觉表达形式，因此，其设计不同于一般的美术设计。VI 设计除了依循一般的美学原理、设计构成法则外，还需注重企业的理念精神。道理很简单：VI 设计必须围绕 MI 这个核心，如果脱离了这个核心，再漂亮的 VI 也只是空洞的视觉符号而已。

因此，在整个 VI 设计的过程中，必须遵循准确、完整地反映和传达 MI，以免受众产生歧义。视觉形象虽不能对 MI 进行逐字逐句的说明，但图形、文字、色彩等组合会产生十分明确的意义，应从各个方面多层次、多方位地传达 MI 的实质。舒肤佳产品名称和其健康诉求式广告，中国银行以方孔钱和“中”字作为创意元素，这一切都是遵循契合性原理进行视觉设计的。（图 2-6、图 2-7）

图 2-6　舒肤佳中英文名称与其理念的契合度很高

图 2-7　中国银行标志

二、同一性

所谓同一性即是对企业识别中企业本身某些事物的共通性，同一性原理的运用能使社会大众对特定的企业形象有一个统一完整的认识。同一性是 VI 开发中举足轻重的概念，也是 VI 设计中必须掌握的基本原理。

为了保持企业的这种共通性，达到企业形象对外传播的一致性与一贯性，企业识别中的基础系统和应用系统在设计元素和设计风格上都必须保持高度一致，视觉识别的一致性可加强传达信息的频率与强度，产生倍增的扩散效果，这样才能集中与强化企业形象，使信息传播更为迅速有效，给社会大众强烈的印象与影响力。统一的设计形式还可以节约设计制作成本，方便视觉识别系统的管理，并可将设计水准经常保持在一定水平。

其实，同一性的本质即是构成中的近似重复，这种不断地近似重复的力量是强大的，受众往往在不经意间对企业已经有了深刻的印象。如果这些信息能够和信息的接受者产生心理共鸣，消费者就会认同并自我构建企业形象。

Art Lebedev 是俄罗斯最大的设计公司，于 1995 年由 Artemy Lebedev 创立，主要开展工业设计和平面设计业务，该公司设计师们对生活有敏锐的洞察力，在设计作品上有很强的视觉感染力。图 2-8 至图 2-11 是该公司的视觉形象广告，做到了对内对外的高度同一性。

图 2-8　公共汽车

图 2-9　墙

图 2-10　旋律

图 2-11　披头士

三、差别性

如果说同一性是企业本身某些事物的共通性，那么差别性就是企业主体区别于其他同类的个性化特征，是对于“我是谁”的疑问和解答。VI 设计本身就是现代企业或组织透过统一设计寻求竞争优势的差异化战略，目的是使设计对象在众多的同质元素中凸显出来。

在信息过剩的当今时代，人们每天都要面对外界纷繁芜杂的信息，这往往让人疲惫不堪，“视觉污染”“听觉污染”说因此诞生。研究表明，在一个人每天所接收的信息中，有 95% 的信息会被大脑删除，这就是人的信息防御功能。

身处这样一个时代，企业在对外宣传中，都要珍惜每一次与公众“目光交流”的机会。这要求企业进行差别化设计，用企业特定的视觉识别符号来刻画企业独特的视觉形象，用各种手段构造出企业的识别系统，并通过一系列的视觉识别符号将自身与其他企业拉开距离。也就是说，企业在 VI 设计中，在突出行业自身特点的同时，要通过独特的、差别化的设计增强视觉锐度，刺激公众的视觉神经，最终把自己独特的个性传达给社会公众，将企业独特的形象根植于消费者心中。图 2-12 所示为原创生鲜品牌店日鲜镖局的 Logo，其主要形象是一个憨态可掬的护镖人，背景要素则由生鲜产品的剪影构成，同时采用了纯净的蓝色调，寓意健康食品。该 Logo 设计很好地体现了品牌差异化战略。

图 2-12　原创品牌日鲜镖局

四、文化性

企业形象的塑造需要根据自己的民族文化，美国、日本等许多企业的崛起和成功，民族文化是其根本的驱动力。每个民族都有潜在的民族文化心理结构，它制约和影响着这一族群的价值观、思维方式和心理积淀。就像我们作为中华民族的子孙不仅仅是因为我们有着黑眼睛、黑头发、黄皮肤的外貌，而是根植在我们内心的民族文化心理结构。

文化也是滋养企业的源泉，企业形象设计是企业文化的一部分，而企业又是根植于民族文化中。企业文化的建设当然不能忽略“文化特色”，不能忽略民族的文化特征，只有重视企业的文化性才能获得社会公众的认同与理解。

中国几千年绵延不断的文化是现代设计的一座宝库。传统文化中的一些元素经过当代设计重新加以创新后，无不闪烁出耀眼的光芒。如东道设计公司设计的中国国航的标志和陈幼坚为香港西武百货设计的标志。中国国际航空公司是中国航空的龙头企业，在为国航设计形象时从颜色到外形的象征上都更加注重民族文化性；香港西武百货的标志是以传统中国玉器的双鱼演变为西武百货英文名字 SEIBU 的 S，鱼与余谐音，象征生生不息，年年有余。（图 2-13、图 2-14）

图 2-13　中国国际航空公司标志

图 2-14　香港西武百货标志

五、适时性

企业作为某一社会机构，企业员工作为社会公民，都不可能脱离整体社会环境的影响。每一个时代都具有独特的时代特征，实质上，时代特征正是人们共同的世界观、价值观和时代文化的反映。企业要与时俱进求发展，就要顺应时代的潮流。因此，在进行 VI 设计的时候，要对企业所处的时代发展趋势作出前瞻性的判断，预见到新时期的时代特征和时代要求，适时、顺势进行必要的修改与完善设计。例如，全球最大的零售集团沃尔玛百货公司为顺应时代要求，于 2008 年启用新的 logo，新的 logo 去掉已经用了 16 年家喻户晓的“WAL”“MART”和一颗五角星连接的样式，而采用一种类似于放射性的图案。（图 2-15）

图 2-15　沃尔玛公司标志变迁

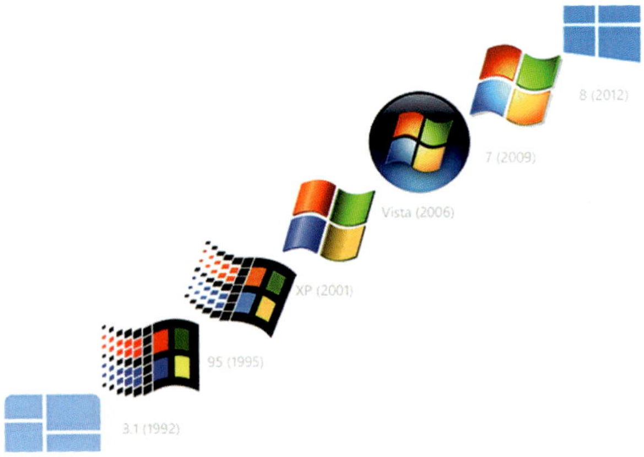

图 2-16　微软公司的 Windows 产品 logo 变迁

图 2-17　微软公司最新 logo

图 2-18　潮涌轩

不管是交互方式、视觉设计或是价格策略方面，微软对于 Window 8 的“重新构想”一直是非常基础的，但是，微软最新操作系统有一个方面实际上受到了其过去历史的启发，那就是 Window 的标志。从外形上来说，微软 2013 年 2 月份推出的二维地铁风格 Windows 标志最为接近微软最初的视窗操作系统 logo，这一最新 logo 将在 Windows 8 与 Windows Phone 8 操作系统中使用。2012 年与 1985 年的 logo 均避开了渐变以及其他颜色，外表为中性蓝色。（图 2-16、图 2-17）

六、可实施性

VI 的导入是企业慎而又慎的大事，从决定导入到具体实施及执行，每一个环节都需要慎重抉择。VI 设计应具有预见性和较大的涵盖力，使企业的形象有可实施性。没有可实施性的品牌形象策划无异于“纸上谈兵”。这就需要企业的决策者和 VI 设计的参与者应考虑作品在实际运用中的可能性与可行性。企业应当“量体裁衣”，根据自身的规模和经济实力以及所处的文化氛围制订 VI 设计规划。图 2-18 中，潮涌轩 VI 系统根据企业实际情况进行项目选择和针对性设计，可操作性和可实施性强。

七、审美性

VI 设计应符合形式美的法则，在与人的视觉接触中唤起美的感受和美的共鸣。

如何从美学的角度诠释企业的核心理念是每一位形象设计者要着重考虑的，管理层面称之为企业的“美学管理”。企业的 VI 设计不仅能体现出企业独特的美学风格，帮助消费者建立品牌意识，还能成为消费者评价产品和服务的依据，从美的符号获得一种价值，或以此体现自己的身份或价值。

图 2-19 是形态各异的标志，造型有具象的，也有抽象的；创意元素有取自文字，也有取自具象图形的，均符合形式美法则。图 2-20 是清悟源斋茶馆的视觉设计，其形象典雅、端庄、古朴，给人以美的享受。

图 2-19　形态各异的标志图形

图 2-20　清悟源斋茶馆

第三章

VI设计内容与方法

第一节　基础系统

VI 设计的基础系统严格规定了企业名称、标志图形、标准字体、标准色彩、吉祥物、企业辅助（象征）图形及其组合形式，从根本上规范了企业的视觉基本要素，基础系统是企业形象的核心部分。

一、企业名称

企业名称与企业形象有着紧密的联系，是 VI 设计的前提条件，是采用文字来表现的识别要素。企业名称的确定，必须反映出企业的经营思想，体现企业理念；要有独特性，发音响亮并易识易读，注意谐音，避免引起不佳的联想；名字的文字要简洁明了，同时还要注意国际性，适应外国人的发音，避免外语中的错误联想；表现或暗示企业形象及商品的企业名称，应与商标，尤其是与其代表的品牌相一致，也可将在市场上较有知名度的商品作为企业名称；企业名称的确定不仅要考虑传统性，还要具有时代的特色。飘柔产品名称朗朗上口，且与其用途关联度高。闺蜜主题餐厅显示其精准的细分群体餐饮消费诉求。（图 3-1 至图 3-2）

图 3-1　飘柔产品

图 3-2　闺蜜主题餐厅

二、标志设计

标志，英文 logo，是表明事物特征的记号。它以单纯、显著、易识别的物象、图形或文字符号为直观语言，除表示什么、代替什么之外，还具有表达意义、情感和指令行动等作用。标志，在现代汉语词典中的解释是：表明特征的记号。

根据标志代表的内容和性质，可以分为商业类和非商业类标志：商业类标志指为行业、企业、商店、商品、宾馆、餐饮等设计和使用的标志；非商业标志指为国家、团体、机构、会议、公共交通、公共服务、公共安全等设计和使用的标志。本书侧重于商业类标志研究。标志应具备以下特点：

1. 功用性

即标志的本质在于它的功用性。经过创意设计的标志虽然具有观赏价值，但标志主要不是为了供人观赏，而是为了实用。标志是人们进行生产活动、社会活动必不可少的直观工具。标志有为人类共用的，如公共场所标志、交通标志、安全标志、操作标志等；有为国家、地区、城市、民族、家族专用的旗徽等标志；有为社会团体、企业、仁义、活动专用的，如会徽、会标、厂标、社标等；有为某种商品产品专用的商标；还有为集体或个人所属物品专用的，如图章、签名、花押、落款、烙印等，都各自具有不可替代的独特功能。

2. 识别性

即标志最突出的特点是各具独特面貌，易于识别。显示事物自身特征，标示事物间不同的意义、区别与归属是标志的主要功能。各种标志直接关系到国家、集团乃至个人的根本利益，决不能相互雷同、混淆，以免造成错觉。因此标志必须特征鲜明，令人一眼即可识别，并过目不忘。

3. 显著性

显著是标志又一重要特点，除隐形标志外，绝大多数标志的设置就是要引起人们注意。因此色彩强烈醒目、图形简练清晰，是标志通常具有的特征。

4. 多样性

标志种类繁多、用途广泛，无论从其应用形式、构成形式、表现手段来看，都有着极其丰富的多样性。其应用形式，不仅有平面的，几乎可利用任何物质的平面；还有立体的，如浮雕、圆雕、任意形立体物或利用包装、容器等的特殊式样做标志等。其构成形式，有直接利用物象的，有以文字符号构成的，有以具象、意象或抽象图形构成的，有以色彩构成的。就表现手段来看，其丰富性和多样性几乎难以概述，而且随着科技、文化、艺术的发展，总在不断创新。

5. 艺术性

凡经过设计的非自然标志都具有某种程度的艺术性。既符合实用要求，又符合美学原则，给予人以美感，是对其艺术性的基本要求。一般来说，艺术性强的标志更能吸引和感染人，给人以强烈和深刻的印象。标志的高度艺术化是时代和文明进步的需要，是人们越来越高的文化素养的体现和审美心理的需要。

6. 准确性

标志无论要说明什么、指示什么，无论是寓意还是象征，其含义必须准确。首先要易懂，符合人们认识心理和认识能力。其次要准确，避免意料之外的多解或误解，尤应注意禁忌。让人在极短时间内一目了然、准确领会无误，这正是标志优于语言、快于语言的长处。

7. 持久性

标志与广告或其他宣传品不同，一般都具有长期使用价值，不轻易改动。即使有改动，也是细节的修补和完善，不影响整体风格和定位。

这里给出的一些标志，包含银行标志、运动服饰标志、电视台标志以及国外优秀标志，形式多样，艺术性强，均有很好的功用性，易于识别。（图 3-3 至图 3-7）

图 3-3　兴业银行标志

图 3-4　kappa 标志

图 3-5 部分电视台台标

图 3-6 国外经典标志（一）

图 3-7 国外经典标志（二）

三、标准字设计

标准字体是指经过设计的专用以表现企业名称或品牌的字体，包括企业名称标准字和品牌标准字的设计。标准字体是企业形象识别系统中基础要素之一，应用广泛，常与标志联系在一起，具有明确的说明性，可直接将企业或产品传达给观众，强化企业形象与品牌的诉求力，其设计与标志具有同等重要性。

经过精心设计的标准字体与普通印刷字体的差异性在于，除了外观造型，更重要的是它是根据企业或产品的个性而设计的，对策划的形态、粗细、字间的连接与配置，统一的造型等，都作了细致严谨的规划，比普通字体相比更美观，更具特色。

在实施企业形象战略中，许多企业名称和品牌名称趋于同一性，企业名称和标志图形统一于字体设计，成为企业国际化的新趋势。企业名称和标志图形统一，虽然只有一个设计要素，却具备了两种功能，达到视觉和听觉同步传达信息的效果。标准字设计有三大原则

1. 易辨性原则

标准字要易于辨认，不能造成信息传达障碍。易于辨识的标准字体表现在三个方面：一是要选用公众看得懂的字体；二是要避免与其他企业、其他品牌似曾相识；三是字体的结构要清楚、线条要明晰，放大缩小都清楚。汇源集团标准字坚实、厚重，线条清晰、流畅。全国青少年科技创新大赛标准字（优秀应征稿）笔画圆润、通透，线条有弹力，朝气蓬勃。（图 3-8 至图 3-9）

图 3-8　汇源集团标准字

图 3-9　全国青少年科技创新大赛标准字（优秀应征稿）

2. 艺术性原则

标准字应具有创新感、亲切感和美感，只有比例适当、结构合理、线条美观的文字。才能够让人看起来比较舒服。在标准字上加以具有象征、暗示、呼应的因素，可使标准字显出不同的艺术意境。法国阿尔卡特的标准字“ALCATEL”将标准字中的第二个“A”用“▲”代替，形成了独特的视觉艺术效果。（图 3-10）

3. 传达性原则

标准字是企业理念的载体，也是企业理念的外化，因此标准字的设计要能够在一定程度上传达企业的理念，而不能把设计作为孤立的事件，单纯追求形式上的东西。欧米茄手表一般都把“Ω”和“OMEGA”放在一起。单独一个“Ω”已经足够醒日，单独一个“OMEGA”也十分不错，将两个标志经常放在一起宣传，消费者常常将“Ω”这个图形标志和“OMEGA”联系在一起，其效果明显好于单独宣传“OMEGA”。（图 3-11）

四、标准色与辅助色设计

标准色指企业为塑造独特的品牌形象而确定的某一特定的色彩或一组色彩系统，运用在所有的视觉传达设计的媒体上，通过色彩特有的知觉刺激与心理反应，传达企业的经营理念和产品特质。由于企业的标准色具有科学化、差别化、系统化的特点，因而其在企业的视觉传达设计系统中具有极强的传播和识别功能。辅助色主要用于衬托表现企业理念和象征意义的，辅助色配合标准色使用，起到调和标准色，以增强企业表达的多彩和活力。

创造性地开发和运用标准色，通过色彩色相、彩度、亮度三方面的和谐匹配，在其中注入企业理念的情

感倾向和理性意味，这样不仅能强化企业标志与企业识别形象的吸引力和传播力，而且极大地加强了企业生产经营、运行实态、行为方式的约束力和激励力，实现形象化的管理。正如日本富士公司在其 FUJI 的标准名称中，以绿色象征富士公司扬长避短、裁弯取直的发展战略和主导原则，以红色象征富士公司设计超前、后来居上的企业素质和营销前景，而且以小条带红色和大块面绿色生机盎然的对比组合、塑造、渲染、传播富士公司及其产品青出于蓝而胜于蓝的审美识别形象。（图 3-12）

人们对于色彩的感知和联想，赋予了色彩以象征的或设定的指示意义，使色彩成为人类独有的语义传播信号和视觉传播媒介。红色醒目，令人警觉；黄色和谐，激活大脑；绿色明快，使人跃动。所以，色彩具有感知、辨识的认知效应。如日索空调以蓝红为标准色，寓意制冷和制暖功效，再配以黄、黑为辅助色调和；柯达胶卷的黄色，色彩饱满，可见曾经辉煌的历史；泛美航空公司的天然色，给予乘客快速，便捷的印象；中国人民银行的红色，表现出民族传统、实力、圆满和信心；育婴用品五彩斑斓的标准色和辅助色，让妈妈和宝宝始终都有一个好心情；再如邮政的橄榄绿，给人以安全、准确、便捷的感觉。设立标准色的目的，在于依靠这种微妙的生产力量，来树立企业、品牌或商品所期望建立的形象，作为企业经营策略的有力工具。（图 3-13 至图 3-18）

ALCATEL
TELECOM

图 3-10 阿尔卡特的标准字

OMEGA

图 3-11 OMEGA 的标准字与标志组合

FUJIFILM

图 3-12 富士公司 logo 色彩组合

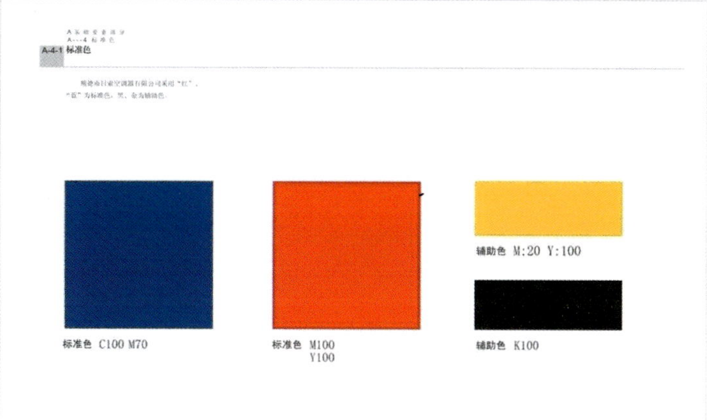

图 3-13 日索空调标准色

图 3-14　柯达的黄色折射出过去的辉煌

图 3-15　中国人民银行的红色

图 3-16　泛美航空的天然蓝

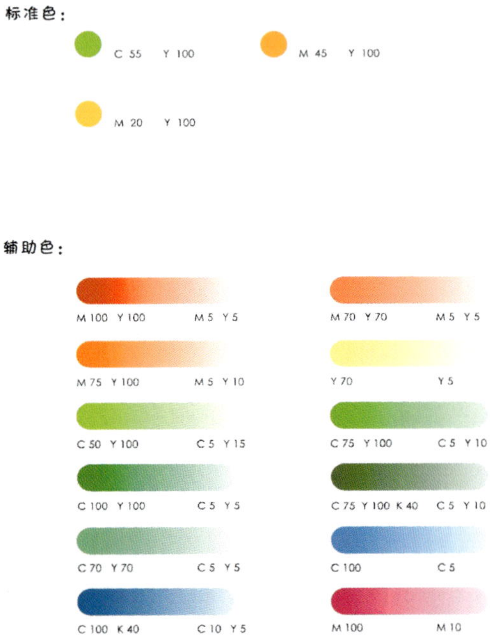

图 3-17　某育婴用品公司色彩

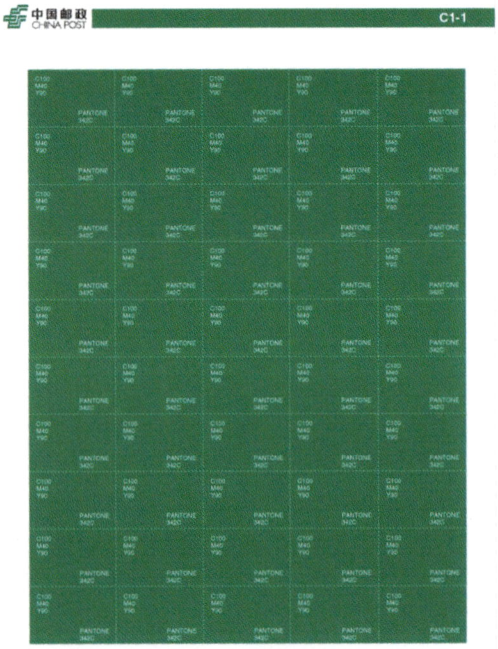

图 3-18　邮政公司的绿色

五、吉祥物设计

企业吉祥物是指为强化企业或产品的个性及特质，选择适宜的人物、动物或植物等进行创意设计的造型。作为企业重要的形象之一，它应平易近人、可爱有趣，令企业更易被大众或目标消费群所接受。它是企业发展到一定阶段的产物，是强化品牌的一种措施和要求，是美化的有力手段，尤其是在创建品牌，提高品牌亲近度、忠诚度方面，起着积极而重要的推进作用，是强化企业品牌不可或缺的一部分。

世界第一个诞生于企业并被企业当成商品促销之用的吉祥物是一种用布料做的玩具，叫“狗比特”，产生于 18 世纪英国工业革命时期的一家食品饮料企业。当时人们买两只烤热狗，就能获赠一个“狗比特”。二战后，吉祥物逐渐在企业活动中扮演越来越多的角色，成为企业视觉识别系统之一。吉祥物在发达国家商业活动中更是频频出现，蓬勃发展，成为企业重要代言物之一。

世界著名经营大师沃尔勒说：“如果说品牌（商标、品名）是您的脸，让人记住您，那吉祥物则是您的双手，让您紧握着别人，与人产生情感，发生关系。”吉祥物是品牌性格的人物化，令品牌形象更鲜活，更易于和受众体验和互动。设计开发中要注意以下几点：高象征性、张扬个性、惹人喜爱、灵活多变、多样统一。

譬如，迪斯尼乐园的“米老鼠”，新浪的“大眼睛”，腾讯的“小企鹅”，米其林轮胎吉祥物，南京青奥会吉祥物等形象生动活泼，可爱可亲，令品牌栩栩如生。（图 3-19 至图 3-23）

图 3-19　家喻户晓的米老鼠

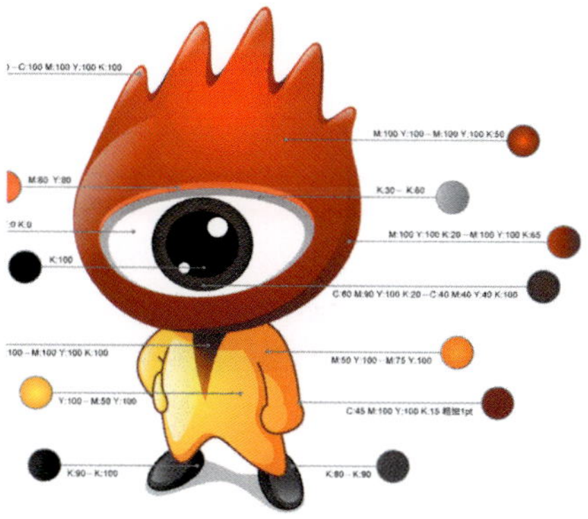

图 3-20　新浪吉祥物

图 3-21　腾讯公司的企鹅

图 3-22　米其林公司的吉祥物

图 3-23　青奥会吉祥物

六、企业辅助（象征）图形设计

在企业识别的基础要素中，辅助图形是标志、标准字、标准色的延伸和补充，它强化视觉感受，丰富表现力，在企业识别系统要素中，辅助图形是除标志、标准字、标准色之外，出现频率最高的附属要素，它与 VI 设计中的其他基础要素保持着主次关系。在设计运用中，对标志、标准字、企业造型等这些具有点的造型要素而言，辅助图形具有线、面展开后的造型意义，以此来产生强弱、主次的对比效果，弥补基础要素设计运用、表现的不足，增强基础要素的诉求强度。中国结是中国联通的辅助图形，根据具体应用的需要，中国结可以制作成多种形态，亦可设计成二方或四方连续。嘉实多是世界公认的润滑油专家，其辅助图形是从 logo 中抽取出阴阳互补的点状形态，与润滑的关联度极高，且图形美观。南京师范大学在百年校庆之际完善了视觉形象，将祥云作为辅助图形应用在各种媒介上，凸显“十年树木，百年树人”的师范特征。（图 3-24 至图 3-26）

图 3-25　嘉实多辅助图形

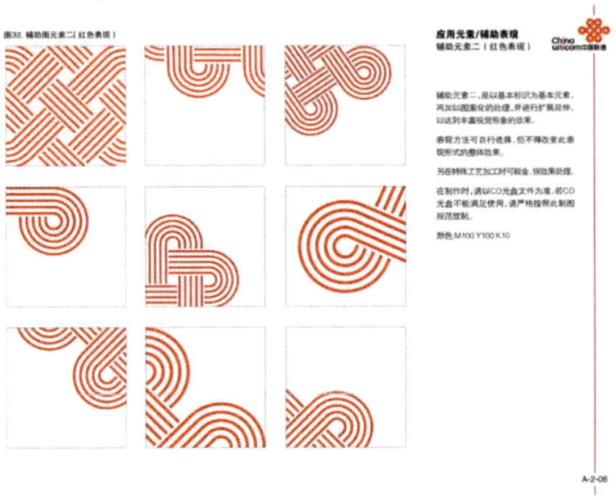

图 3-24　中国联通辅助图形

图 3-26　南京师范大学视觉辅助图形

第二节　应用系统

应用系统设计即对基础系统在各种媒体上的应用所做出具体而明确的规范。当企业视觉识别最基本要素标志、标准字、标准色、辅助图形等被确定后，就要从事这些要素的精细化设计，开发各类应用项目。VI 设计要素的组合系统因企业规模、产品内容而有不同的组合形式。最基本的是将企业名称的标准字与标志等组成不同的单元，以配合各种不同的应用项目。当各种视觉设计要素在各应用项目上的组合关系确定后，就应严格地固定下来，以期达到通过同一性、系统化来强化视觉。应用系统设计大致有如下内容。

一、办公室用品设计

办公室用品的设计与制作应充分体现出强烈的统一性和规范化，表现出企业的理念和精神。其设计方案应严格规定办公用品形式和排列顺序，以标志图形、文字格式、色彩套数及相应尺寸为依据，形成办公事务用品的严肃、完整、精确和统一规范的格式，给人一种标准化的感受并表现出企业的风格，同时也展示现代企业文化向各领域渗透传播的攻势。

1. 名片

名片是显示姓名及其所属组织和联系方法的卡片，是新朋友互相认识的最快最有效的方法。交换名片是现代人际，尤其是商业交往的第一个标准官式动作。

名片是企业信息对外传达的最重要途径之一，其品质直接影响企业形象的树立。采用统一规划的格式与比例，制作时须按标准严格执行，保持名片特有的严肃性、完整性和精确性。（图 3-26 至图 3-27）

图 3-26　风格各异的名片设计（一）

图 3-27　风格各异的名片设计（二）

2. 信封与信纸

信封，一般是指人们用于邮递信件、保护信件内容的一种交流文件信息的包装。

企业信封均采用统一的比例和规格，基本格式须按标准执行。务必在保持设计规范的基础上，按邮电部门最新规定修正。

常用规格：2 号（B6）信封：176mm×125mm

5 号（DL）信封：220mm×110mm

6 号（ZL）信封：230mm×120mm

7 号（C5）信封：229mm×162mm

9 号（C4）信封：324mm×229mm

信纸是一种切割成一定大小，适于书信规格的书写纸张。现代企业为了宣传形象，要设计自己企业的信纸，信纸上通常有企业基本信息，如企业名称、标志、地址、网址以及电话等，亦可与时俱进地印上微博账号、微信公众号，这些信息的编排设计必须遵循基础系统的规范。（图 3-28 至图 3-30）

图 3-28　信封与信纸（一）

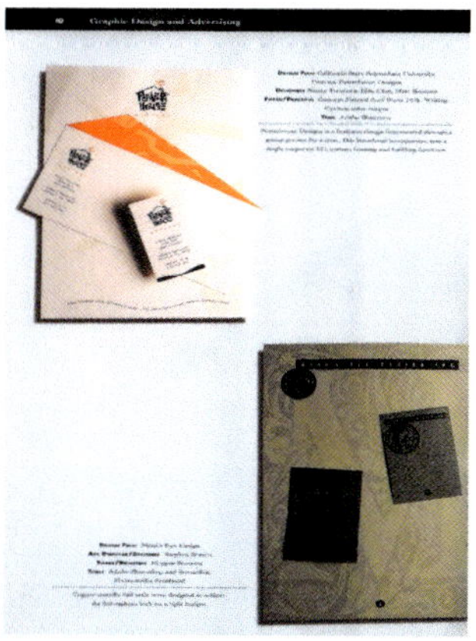

图 3-29　信封与信纸（二）

图 3-30　信封与信纸（三）

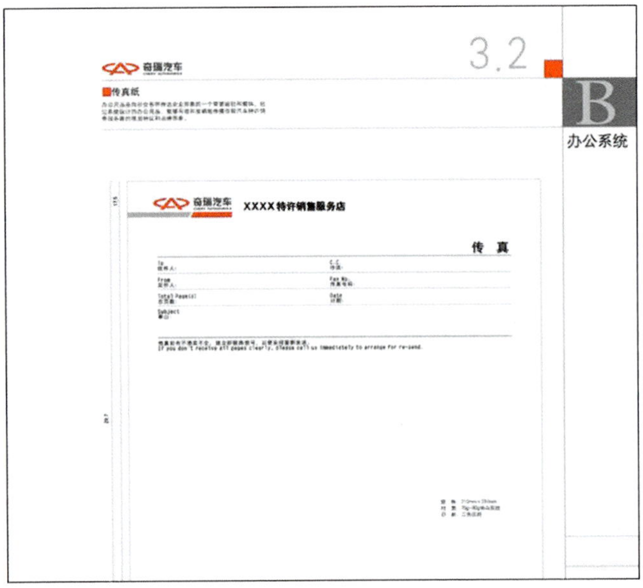

图 3-31　传真纸

图 3-32　档案袋与文件夹

图 3-33　某品牌楼盘档案袋

3. 传真纸

传真是将文字、图表、相片等记录在纸面上的静止图像，通过扫描和光电变换，变成电信号，经各类信道传送到目的地，在接收端通过一系列逆变换过程，获得与发送原稿相似记录副本的通信方式。用于副本记录的纸被称作传真纸。

传真纸是最常见的事务用品之一，规范以明确的比例和格式，体现企业形象的完整性和统一性。（图 3-31）

4. 文件夹

是专用文件夹，是专门装整页文件用的，主要目的是为了更好的保存文件，使它整齐规范。

5. 档案袋

档案袋的原材料不一，可采用各种纸张或其他材质进行生产，规格大小根据实际情况进行确定，其作用主要是收纳资料、材料或文件等。档案袋是企业事务的重要用品，通过应用视觉识别的统一，建立职员信赖感；也是对外传播的重要途径之一，其品质影响到企业形象的树立，必须严格遵守制作规范。（图 3-32 至图 3-33）

6. 胸牌

企业胸牌使得员工整齐划一，是企业系统化管理的重要标志。（图 3-34）

7. 笔记本

在视觉形象的统领下，制作精美的笔记本给员工使用，使其感受到“福利”。（图 3-35）

8. 品牌贴纸（胶）

企业贴纸（胶）往往象征地表示了企业的企业标志和企业简称，是对外表达企业存在和拥有的灵活性方式。（图 3-36）

9. 纸杯

纸杯是企业内部最常见的事务用品之一，体现企业文化，能建立员工的归属感。包括纸杯在内的企业事务用品的基本运用元素均采用统一的比例和规格。（图 3-37）

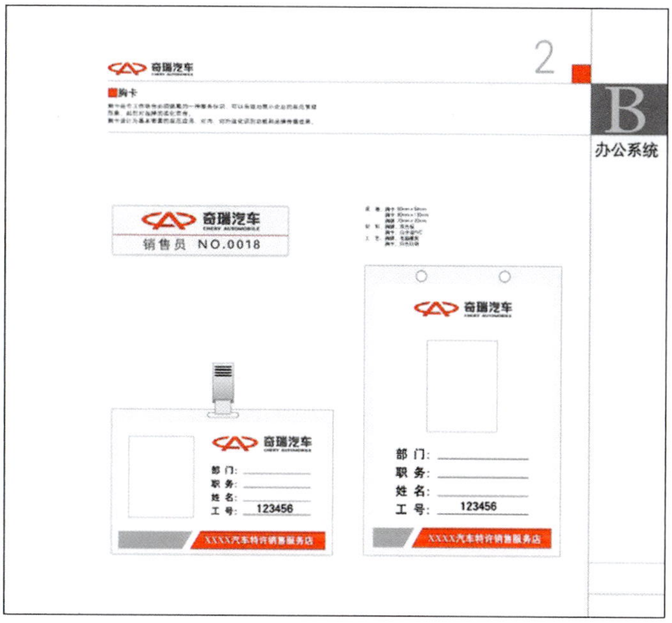

图 3-34　胸卡

图 3-35　笔记本

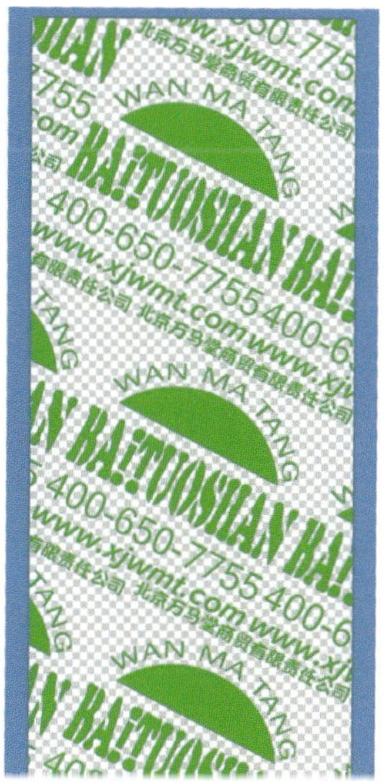

图 3-36　品牌贴胶

图 3-37　校庆专用纸杯（稿）

图 3-38　中国石化旗帜

图 3-39　中国石化桌旗

10. 办公用笔

笔，是人类的一大发明，是供书写或绘画用的工具；可以用来学习文化科学知识、交流信息、宣传思想、联络感情等等。笔是生活中不可缺少的文化用品。设计个性化的企业办公用笔，更能够体现企业文化建设的内涵。

11. 旗帜、桌旗

企业旗帜和桌旗一般印有企业标志和企业名称，表示企业及其所属公司机构所在地的存在，是企业涉外和大型活动场所首要的象征标志。其基本格式须按照基础系统规定的标准严格执行。旗帜是悬挂使用的，而桌旗是放置在办公桌上使用的。（图 3-38 至图 3-39）

二、公务礼品设计

公务礼品的设计与制作应充分体现出强烈的统一性和规范化，表现出企业的精神。其设计方案仍然应严格规定公务礼品形式、标志图形、文字格式、色彩套数及所有尺寸依据，以形成公务礼品的严肃、完整、精确和统一规范的格式，给人带来亲密感和尊贵感。公务礼品是企业与他人（物）之间的关系纽带，是密切关系的重要载体。

1. 贺卡

贺卡主要用于与外界进行各种形式的业务交流活动，既是企业馈赠与合作者们的适用礼品，又是企业对外辐射宣传的小型广告，贺卡在企业的经营发展中具有不可低估的促进作用。（图 3-40）

2. 名片盒

名片盒，顾名思义是装名片使用的，一方面要装自己的名片，另一方面要装别人给的名片，在设计上要考虑其使用和携带的便捷。将设计精美的名片盒作为礼物赠送给客人，客人使用的过程中，就是一个无声的广告。（图 3-41）

图 3-40　企业新年贺卡

图 3-41　名片盒

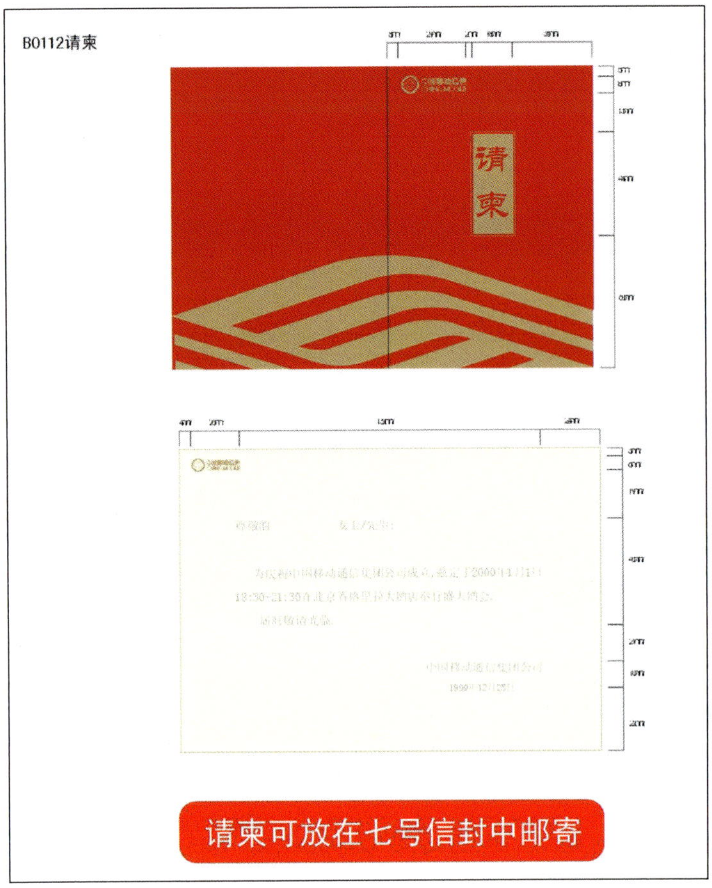

图 3-42　请柬

3. 邀请卡（请柬）

邀请卡作为流通于外的事务用品，是企业形象的重要延伸，设计上力求体现鲜明统一的企业形象，同时体现企业对他人（物）的尊重。（图 3-42）

4. 手提袋

手提袋也是企业对外诉求形象的基本途径之一，用于日常事务及活动；手提袋是为了特殊需要，如产品展示会、新闻发布会、礼仪节目等而订制的，可根据特定的项目和对象而专门制作。（图 3-43 至图 3-44）

图 3-43　手提袋（一）

图 3-44　手提袋（二）

5. 钥匙扣、打火机、纪念章等

钥匙扣、打火机、纪念章，或为日常用品，或为留存纪念，虽属小物件，但确是各大企业在开发应用系统设计时，必选的项目之一，因为其制作成本低廉，但传播区域和效果无限。（图 3-45）

6. 文化衫

文化衫是一种特别的 T 恤。一般是指在布面上设计一些具有特定意义的文字或图案的 T 恤，款式可以使多样的，通过穿衣者体现企业独特气质与个性。文化衫可以给企业员工穿着，更可以作为礼品对外赠送。穿着校庆专用文化衫，校园顿时充满隆重、热烈的节日氛围。（图 3-46）

7. 挂（台）历

挂历作为流通于内外的公务礼品，是企业形象的重要延伸，在设计上力求使用便捷的同时，更要体现鲜明统一的企业形象。（图 3-47）

图 3-45　钥匙扣、打火机等用品

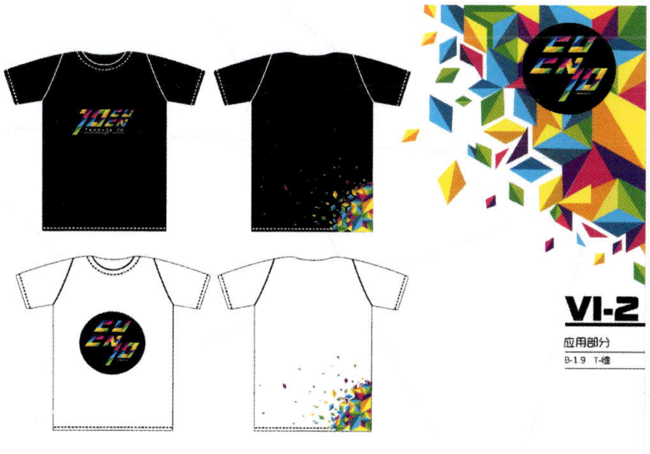

图 3-46　校庆专用文化衫（稿）

图 3-47　企业挂（台）历

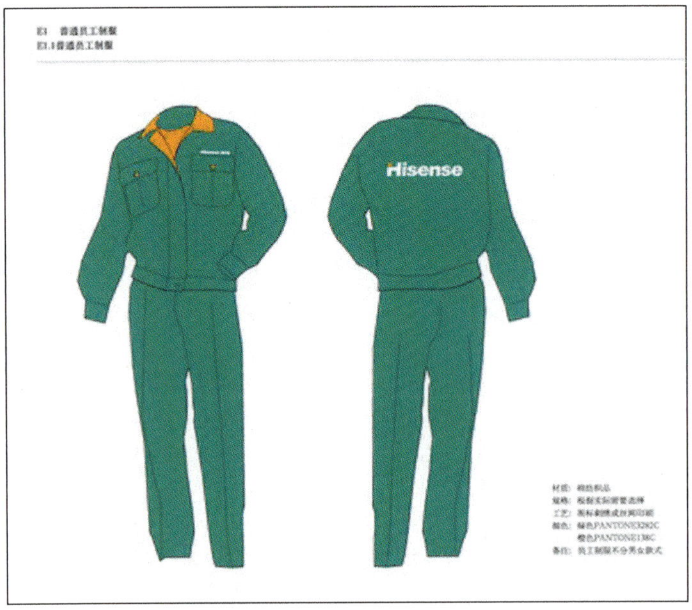

图 3-48　海信集团员工服饰

三、员工服饰设计

员工统一化、标准化着装，能唤起员工对企业的责任感和主人翁意识，加强企业的凝聚力及外界对企业的信任度，对内能体现全体员工的精神面貌，对外能形成社会对企业形象的直观认可，无论是行政人员还是服务人员，都必须做到着装规范。员工服饰设计须大方、规范。（图 3-48）

四、车辆视觉设计

企业车辆是企业对外传递视觉信息的一大媒体，它们具有流动性强、辐射面宽等特点。车辆的视觉设计、制作及发布是一种不需要广告代理商去代理的企业自主行为，实施起来简单、方便且经济实惠，对塑造良好的企业形象十分经济实惠，也很见成效。（图 3-49 至图 3-50）

图 3-49　中国邮政交通工具

图 3-50　校庆专用车辆（稿）

五、标志符号指示系统设计

标志符号指示系统是树立正确企业形象的关键性传达方式，所有招牌的设置需要考虑视觉效果为前提，以求达到良好的公众印象和树立企业形象之个性。

1. 楼层指示牌

楼层指示牌是以企业形象标志图形为基础，趋向于企业标准化设计，其设置须考虑到建筑物及室内的视觉环境，以求树立良好的公众形象和企业文化的统一。

2. 门牌（办公室、库房）

指附在门上标明街道名称、库房、办公室等的牌子。其要求规范、醒目，有秩序。（图 3-51）

3. 标签、书签等

标签是用于标明产品的品名、重量、体积、用途等信息的简要标牌，使产品分类更明确，指引顾客选择商品。

书签是标记阅读到什么地方，记录阅读进度而夹在书里的小薄片儿。书签画面轻松，制作取材广泛，可在材料和造型上有所创新。（图 3-52）

标签和书签大部分是印刷品。

图 3-51　指示牌和门牌

图 3-52　校庆专用书签（稿）

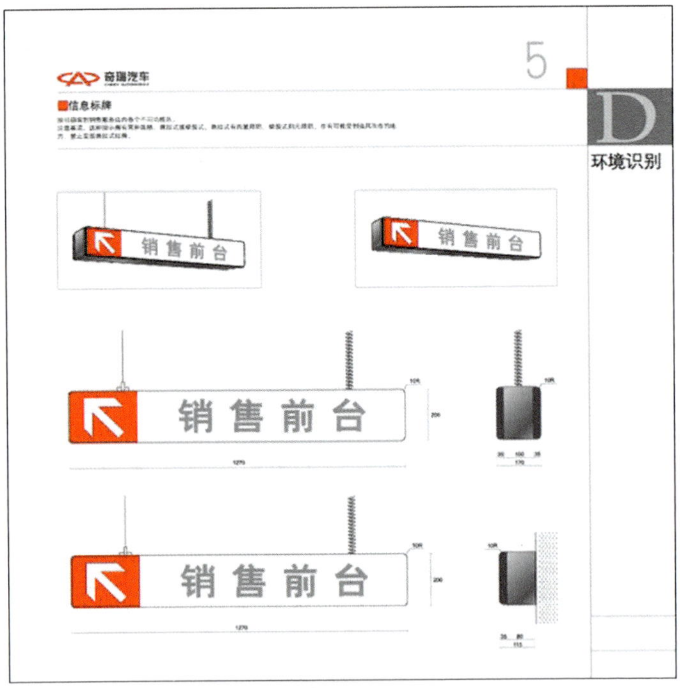

图 3-53　销售前台

图 3-54　店面与招牌

4. 办公桌标牌

办公桌标牌除了要符合基础系统规范外，还必须考虑办公室的严肃性，使其设计融于办公场所氛围内。

5. 接待台及背景板

接待台及背景板是企业形象的高度浓缩，能体现企业的个性特质，能唤起员工对企业的责任感和主人翁意识，加强企业的凝聚力及外界对企业的信任度。（图 3-53）

6. 企业精神口号标牌

企业精神口号是理念的概括，是企业根据自身的营销活动或理念而研究出来的一种文字宣传标语。企业精神口号文字简洁、朗朗上口。准确而响亮的企业精神口号对企业内部能激发出职员为企业目标而努力信心，对外则能表达出企业发展的目标和方向，加深企业在公众心目中的印象。

7. 电脑隔断条、玻璃门装饰带

电脑隔断条和玻璃门装饰带的设计既要遵守基础系统规范，还要符合办公场所氛围，更要注意保持其半透明和半开放性。

8. 店面招牌

店牌具有吸引注意力作用。在某种程度上来说，店铺招牌的设计代表着该店铺的主体形象。能否吸引顾客进入店铺，招牌设计有着至关重要的作用。（图 3-54）

9. 店面展台

展台富有吸引力，令人赏心悦目，给人以良好的感觉，使人留下深刻的印象，会给产品带来很高关注度。如苹果专卖店，主调是白色，装修风格简洁大方。（图 3-55）

图 3-55　苹果专卖店

六、企业广告宣传设计

1. 海报版式规范

海报设计必须有相当的号召力与艺术感染力，要调动形象、色彩、构图、形式感等因素，制造强烈的视觉效果；它的画面应有较强的视觉中心，应力求新颖、单纯，还必须具有独特地艺术风格和设计特点。将企业形象以标准的、统一的形式出现，可进一步加深公众对企业的认知。（图 3-56）

图 3-56　橱窗里的商业海报

2. 路牌版式规范

路牌象征地表示了企业的标志和简称，表示企业及其所属公司机构所在地的存在，是企业涉外和大型活动场所首要的象征标志和气氛烘托方式。用于活动场所内部或附近道路两旁。

3. 灯箱设计

企业内外标识、招牌、灯箱等因扮演着功能传递的重要角色，故也需要进行统一的外观识别规划。（图 3-57）

图 3-57　航空公司标志灯箱

图 3-58　火锅店宣传单

图 3-59　展架

图 3-60　擎天柱广告

4. 条幅广告规范

条幅通过热转印技术制作而成，大多转印文字，所以重点在于字体的规范使用和颜色选用。

5. 宣传单

宣传单是目前宣传企业形象的直接手段之一。它能非常有效地把企业形象提升到一个新的层次，更好地把企业的产品和服务展示给大众。其特点是：能非常详细说明产品的功能、用途及其优点（与其他产品不同之处），诠译企业的文化理念。（图 3-58）

6. 易拉宝与 X 展架

易拉宝与 X 展架是一种非常有效的宣传形式，一般放置于销售焦点。其创意设计、版式与布局可以灵活多样，但其形象标志务必规范使用，以充分传达其视觉形象。物品可因环境因素适当调整相关颜色，标志只可使用规范内允许的颜色。易拉宝的画面可配合高光纸使用，可在表面覆亮膜或亚膜。（图 3-59）

7. 擎天柱广告

擎天柱广告画面具有大且醒目的特点，有极强的宣传力。为充分体现企业视觉形象的统一化、标准化和正规化，加强企业形象的坚定性，将企业形象以标准的、统一的形式出现，可进一步加深公众对企业的认知。（图 3-60）

8. 企业道旗、吊旗

企业POP挂旗和吊旗不如企业旗帜那么严格，它们多用于企业各项宣传活动中的环境布置，起活跃气氛的作用。如新闻发布会，成品展示会、业务交流会等。（图3-61至图3-62）

七、展示系统设计

展示设计是展览工作的重要组成部分，通过设计为参展企业提供其达到展出目的的环境和条件。

1. 展位示意规范

展台不仅要展览产品，要吸引客户，还要有利于展台人员推销、宣传、调研，与观众交流、与客户洽谈。所有这些工作都要有相应的空间、位置、设备，都需要设计人员根据需要和条件进行合理地安排。

2. 展台

要选择有代表性的摆设，必须精心选择，设计个性化的展台。简洁、明快是吸引观众的最好办法。照片、图表、文字说明应当明确、简洁。耐克专卖店展台以深灰和黑色为主色调，意在突出衣服的鲜亮、明快和运动带来的活力。中国联通展台的橙色和白色搭配，鲜活、时尚、有动感，展台造型极具构成感。（图3-63至图3-64）

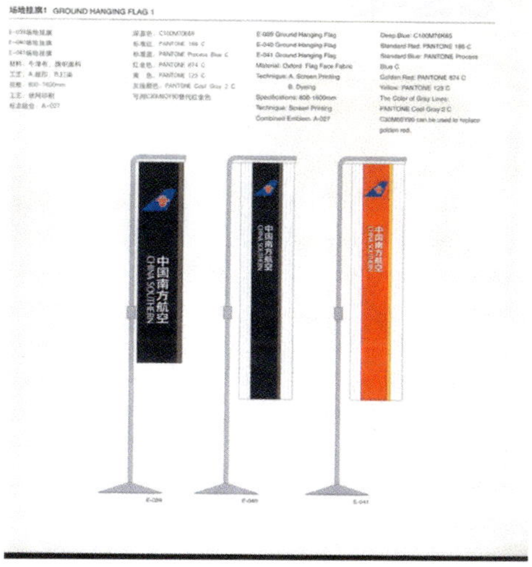

图3-61　道旗

图3-62　商场内悬挂的吊旗

图3-63　耐克专卖店陈列

图3-64　中国联通展台

4. **产品资料架**

产品资料架作为一种宣传营销手段，已普及在各企事业单位的日常商业宣传中应用。它具有简单明了、方便取阅、组装迅速等优点，摆放在展会中，能起到展示商品、传达信息、促进销售的作用。（图 3-65）

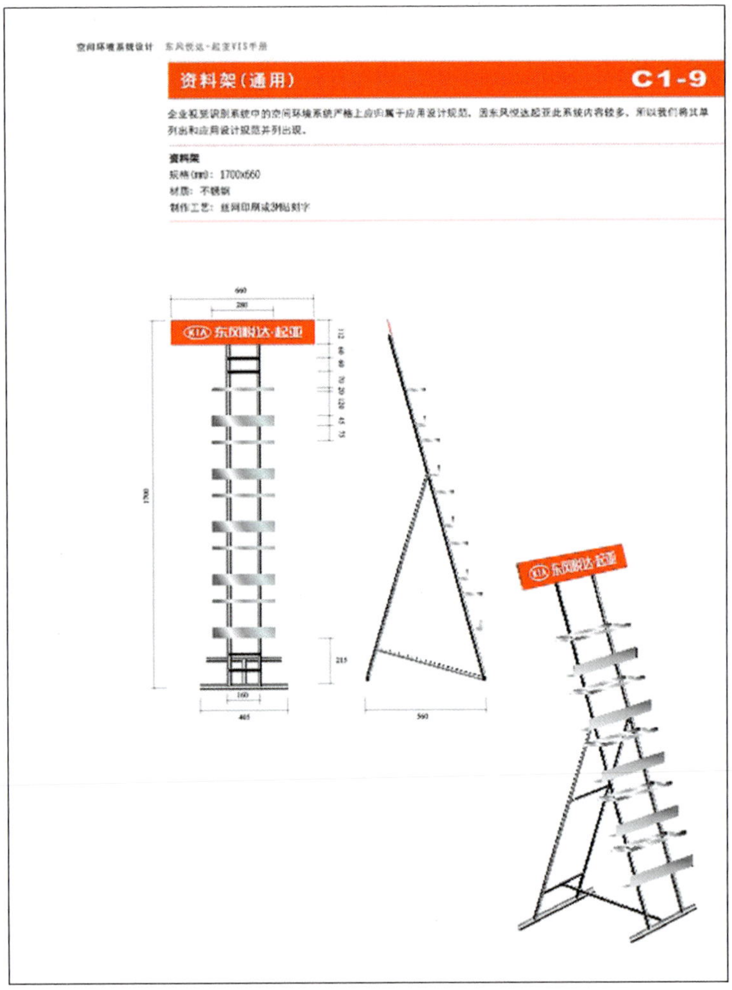

图 3-65　资料架

第三节　VI 手册开发

作为一个企业，构建统一、规范、鲜明的形象有利于增强职工的责任感、荣誉感和归属感，增强企业的凝聚力，从而使得企业的综合管理水平上新的台阶，整体素质得以提高。同时面对日益严峻的市场局势，我们必须居安思危、与时俱进，以整体的和完美的形象立足于激烈变幻的环境，以求得长期的生存和持久的发展。

编印 VI 手册以形成企业的整合形象要求，为企业的科学化、标准化、规范化管理提供强有力的保证。在我们完成各自工作的时候，每一个人都有责任保护这些财产的价值，即在工作中力争体现品牌所蕴含的高水准。

VI 手册包含了参与 VI 管理及实际设计创意人员必须遵守的有关内容：

（1）加深对机构的了解及 VI 设计体系的总体认识。

（2）构成体系的基本元素及有关使用方法的规定

（3）在各种各样的物体上表现标志的具体设计规范。VI手册上所载的各种规定、指示及事项，相互补充成为一个完整体系，使用者务必充分了解和理解VI手册的内容之后加以规范的应用，建立一个完整、持续、规范的强有力的企业形象。

（4）规范执行、统一形象。VI手册结合了最新的科学制作工艺，设计师应提供与之相对应的电子文件，使用者应直接使用该电子文件，规范的执行文件说明，以便更高效准确的工作，统一宣传企业形象。

此外，VI手册上列举许多设计的实例，在产生疑问或发生问题的时候，务必向有关部门咨询。实际管理和使用VI手册，应注意以下几点：

一是使用时一定用电子文件流通，不得扫描制作。

二是永久保存VI手册，由部门指定专人负责管理。

三是如有新的必备内容，请管理人员在正确位置添加，以保持VI手册内容之完整性。

四是VI手册的任何一页从中取出使用后请务必放回原位。

VI手册主要内容如下表所示：

基础系统
企业标志：企业标志及标志创意说明、标志墨稿、标志反白效果图、标志标准化制图、标志预留空间与最小比例限定、标志特定色彩效果展示等。
标准字体：企业全称中文字体，企业简称中文字体，企业全称英文字体，企业简称英文字体等。
标准色：企业标准色（印刷色）、辅助色系列、下属产业色彩识别、背景色使用规定、色彩搭配组合专用表、背景色色度、色相等。
企业吉祥物：吉祥物彩色稿及造型说明、吉祥物立体效果图、吉祥物基本动态造型、企业吉祥物造型单色印刷规范、吉祥物展开使用规范等。
企业象征图形：象征图形彩色稿（单元图形）、象征图形延展效果稿、象征图形使用规范、象征图形组合规范等。
企业专用印刷字体
基本要素组合规范：标志与标准字组合多种模式、标志与象征图形组合多种模式、标志吉祥物组合多种模式、标志与标准字、象征图形、吉祥物组合多种模式、基本要素禁止组合等。
应用系统
办公用品：名片、信纸、信封、便笺、合同书、传真函、报价单、文件夹、文件袋、资料袋、各种公文表格、账票、工作证、请柬、笔记本、备忘录、办公用具等（如纸镇、笔架、圆珠笔、铅笔、订书机）等。
公务礼品：T恤衫、纪念章、钥匙圈、领带、领带夹、打火机、烟灰缸、茶具、雨伞、礼品袋等。
印刷品：企业/品牌简介、商品说明书、产品简介、年历、宣传明信片等。
服装服饰：男女制服、工作服、文化衫、领带、工作帽、纽扣、肩章、胸卡等。
交通工具：各种业务用车、运货车等企业的各种车辆，如轿车、面包车、大巴士、货车、工具车等。
产品包装：各种包装纸、包装袋、包装盒、包装箱、包装贴纸、封口胶带、包装用绳、容器包装、专用包装（指特定的礼品用、活动事件用、宣传用的包装）等。
广告媒体：各种报纸、杂志、POP广告、路牌广告、招贴广告等。
外部环境： 建筑造型、企业旗帜、门面招牌、公共标识牌、路标指示牌、广告塔、霓虹灯广告、庭院美化等。 内部环境： 内部各部门标识牌、常用标识牌、楼层标识牌、形象牌、旗帜、广告牌、POP广告、货架标牌等。
陈列展示：橱窗展示、展示会场设计、货架商品展示、陈列商品展示等。
网站推广：网页的版式设计和基本流程，含web色彩和版式、文字的处理、背景色彩、各种动态按钮、图表、表格、导航工具、背景音乐、互动交互方式、弹出小窗口等。

（图 3-66 至图 3-68）

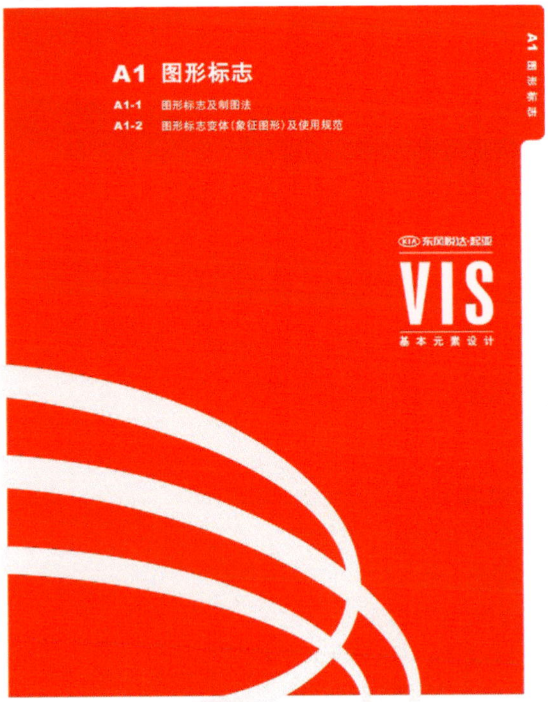

图 3-66 东风悦达起亚公司识别手册封面

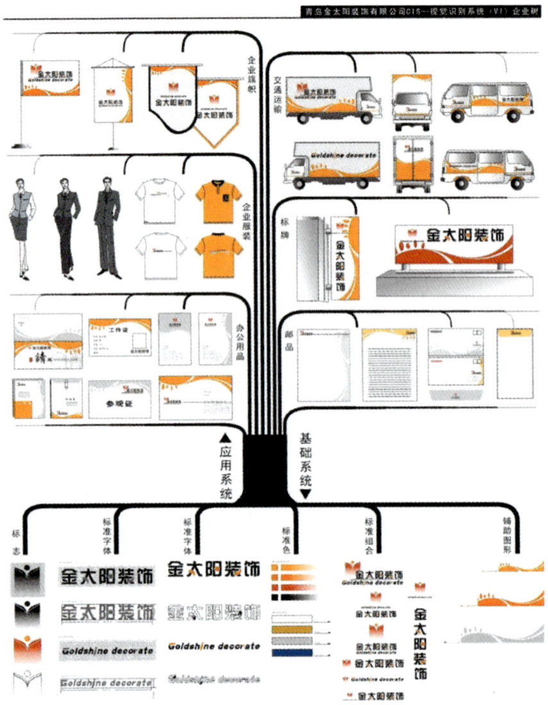

图 3-67 金太阳装饰 VI 树

图 3-68 创维 VI 手册

第四章

品牌战略与 VIS 导入

第一节　品牌战略

品牌战略是企业实现快速发展的必要条件，品牌战略的定义在品牌战略与品牌管理的协同中彰显企业文化，把握目标受众充分传递自身的产品与品牌文化的关联识别。在战略上胜出的企业最终在销售层级才有持续增量的可能；在市场层级才有品牌资产累计的可能；在企业层级才有资本形成的可能。近年来，一些意识超前的企业纷纷运用品牌战略的利器，取得了竞争优势并逐渐发展壮大。从而确保企业的长远发展。在科技高度发达、信息快速传播的今天，产品、技术及管理诀窍等容易被对手模仿，难以成为核心专长，而品牌一旦树立，则不但有价值并且不可模仿，因为品牌是一种消费者认知，是一种心理感觉，这种认知和感觉不能被轻易模仿。

品牌战略的关键点是管理好消费者的大脑，在深入研究消费者内心世界、购买此类产品时的主要驱动力、行业特征、竞争品牌的品牌联想的基础上，定位好以核心价值为中心的品牌识别系统，然后以品牌识别系统统率企业的一切价值活动。

一、品牌是无形的价值

品牌是指一个名称、名词、符号或设计，或者是它们的组合，其目的是识别某个销售者或某群销售者的产品，并使之同竞争对手的产品区别开来；品牌最持久的含义和实质是其价值、文化和个性。品牌是一种商业用语，品牌注册后形成商标，企业即获得法律保护，拥有其专用权。品牌是企业长期努力经营的结果，是企业的无形价值的载体。

品牌，英文 Brand，意思是“烧灼、烙印”。原始社会和奴隶社会，用这种方式来标记家畜和奴隶，与其他的区别开来。到了中世纪，欧洲手工艺匠人用这种打烙印的方法在自己的手工艺品上烙下标记，以便顾客识别产品的产地和生产者。这就产生了最初的商标，并以此为消费者提供担保，同时向生产者提供法律保护。16 世纪早期，蒸馏威士忌酒的生产商将威士忌装入烙有生产者名字的木桶中，以防不法商人偷梁换柱。到了 1835 年，苏格兰的酿酒者使用了“Old Smuggler”这一品牌，以维护采用特殊蒸馏程序酿制的酒的质量声誉。（图 4-1）

图 4-1　Old Smuggler

在《牛津大辞典》里，品牌被解释为“用来证明所有权，作为质量的标志或其他用途”，即用以区别和证明品质。随着时间的推移，商业竞争格局以及零售业形态不断变迁，品牌承载的含义也越来越丰富，甚至形成了专门的研究领域——品牌学。

1. 品牌有品牌的价值

企业做产品，有产品的价值；做品牌，也有品牌的价值。产品可以贩卖，品牌也能贩卖，消费者买一个产品，获得的是产品的利益，而如果消费者买的是有品牌价值的东西，就会获得品牌价值的利益。品牌如果不能给消费者带来利益，这品牌就不能贩卖，不能贩卖的东西我们还塑造它干吗？多做产品卖产品利益就行了。所以既然要塑造品牌，品牌就得有单独的价值，它的单独价值满足和产品满足是不一样的，产品满足的是消费者利益的需求；而品牌满足虽然也有需求，但更多的是欲望。

欲望就是心里想要，消费者为了自己欲望的满足也会掏钱消费，这种满足就是品牌带给消费者的。品牌带给消费者的是一种心灵需求的情感价值，这个价值也是利益。

品牌的价值需要保护。中国国家工商行政管理局商标局，根据企业的申请，官方认定的一种商标类型，在中国国内为公众广为知晓并享有较高声誉，称作“驰名商标”。对“驰名商标”的保护不仅仅局限于相同或者类似商品，就不相同或者不相类似的商品申请注册或者使用时，都将不予注册并禁止使用，因此“驰名商标”被赋予了比较广泛的排他性权利。如此类似的官方保护措施还有“中国名牌”“国家免检产品”等，说明了品牌有很高的保护价值。

图 4-2 中国驰名商标

图 4-3 中国名牌

图 4-4 国家免检产品

2. 品牌对接的人群情感

我们要把品牌观念理清楚：品牌其实是产品概念对应的消费群体的情感需求。企业所塑造的产品品牌应该是该产品对应的消费者的情感价值的具体体现。比如现在的年轻女生都喜欢“超级女声”中的李宇春，那正说明李宇春这个“产品”所表现出来的气质、习惯、行为等品牌元素符合这些女生心中的情感需要，这就产生了价值，这个价值是李宇春所对应的群体的情感需要，而不是她自己的需要。所以品牌就是满足产品对应的消费者的情感价值的东西，这种情感价值凝结在企业产品的商标、包装和产品本身中。

图 4-5 娱乐节目的品牌

3. 品牌不是造出来的

现在有不少媒体都开辟了品牌栏目，找一些嘉宾来谈品牌，而媒体的主持人和嘉宾没有完全弄懂品牌，最后说着说着就成了我们要做一个大的品牌，好像我们能够像制造原子弹似的迅速造出一个知名品牌来。其实不然，品牌不是自己能够做出来的，它一定是消费者认同的。这种被认同的价值是由很多元素组合的，是需要时间和过程的，因为这不是一个简单的利益价值认同，而是通过包装、广告、宣传和营销等手段慢慢塑造，逐渐取得消费者心理情感的价值认同。相比较而言，创意广告和事件营销能最迅速、最深刻地建立消费者对品牌的情感认同。（图 4-6）

图 4-6 Kappa 和 Style Rebirth 品牌创意广告

图 4-7 定位各不相同的楼盘

4. 简单的利益认同不是品牌价值

没有一个消费者说企业的品牌只有对应其心理情感的价值才会去消费，好感只是情感价值的一部分，还要累积更多的情感价值，才能达成品牌的整体认同。简单的利益认同是使用价值，是消费者对产品利益的需要，而长期和高级的需要是消费者对品牌在社会环境中的情感需求和欲望需求。

二、品牌开发与建设

1. 定位品牌

品牌定位是指企业在市场定位和产品定位的基础上，对特定的品牌在文化取向及个性差异上的商业决策，它是建立一个与目标市场有关的品牌形象的过程和结果。换言之，即指为某个特定品牌确定一个适当的市场位置，使商品在消费者的心中占领一个特殊的位置，当某种需要突然产生时，就会立刻想到相应的品牌。拿房地产业来讲，各地各楼盘的定位各不相同，“花”的主题，“海”主题，“山”的主题等等，均是人们对居住的不同需求。（图 4-7）

2. 设计品牌

品牌设计是在企业自身正确定位的基础之上，基于正确品牌定义下进行的视觉沟通，它是一个协助企业发展的形象实体，不仅协助企业正确地把握品牌方向，而且能够使人们正确的、快速的对企业形象进行有效深刻的记忆。品牌设计具体内容包括对一个企业或产品进行命名、标志设计、平面设计、包装设计、展示设计、广告设计及推广、文化理念的提炼等等，从而使其区别于其他企业或产品的个性塑造和传递过程。

当世界进入品牌竞争的时代，当品牌成为中华大地上商界的热点时，品牌设计也成为人们常挂在嘴边的时髦词汇。有人统计说企业每投在品牌形象设计上 1 美元，所获得的收益是 227 美元。如此诱人的投资回报率，无怪乎企业界对品牌设计趋之若鹜。

品牌形象永远是为企业的品牌战略服务的，是企业长期、正确经营的结果。品牌是企业自己的，而企业品牌形象的感知者是消费者。企业视觉识别系统是品牌形象的重要载体，通过塑造品牌形象，搭建企业与消费者之间的一个重要的桥梁，它是企业发展的基石！

目前有很多的企业，特别是中小型企业没有品牌意识，他们始终把产品销售作为企业发展第一位的东西，以为销售好了就什么问题都没有了，在企业发展的初期销售的确至关重要。很多企业在经历了发展初期，问题就渐渐暴露出来：企业没有完整的视觉形象系统而显得杂乱不堪，连最基本的名片都不统一，以至于 10 个企业的人出去见客户别人认为是 10 个不同的企业，企业没有统一的员工制服、变笺……一切问题都出来了，这样就在有形和无形中影响了产品的销售和客户对企业的忠诚度，销量下去了，订单少了，老板却摸不着头脑，这是怎么回事？仔细分析，产品质量没有问题，服务质量没有问题，产品销售网络和人力资源没有问题，那就是企业形象出了问题，这个时候再来进行企业形象的整合和调整，其难度就要比最早一开始进行企业形象规划要难得多了，企业自己让自己走了弯路，影响了企业的可持续发展。与之不同的情况是，国外大小企业均十分重视视觉形象设计，优先视觉形象设计。（图 4-8）

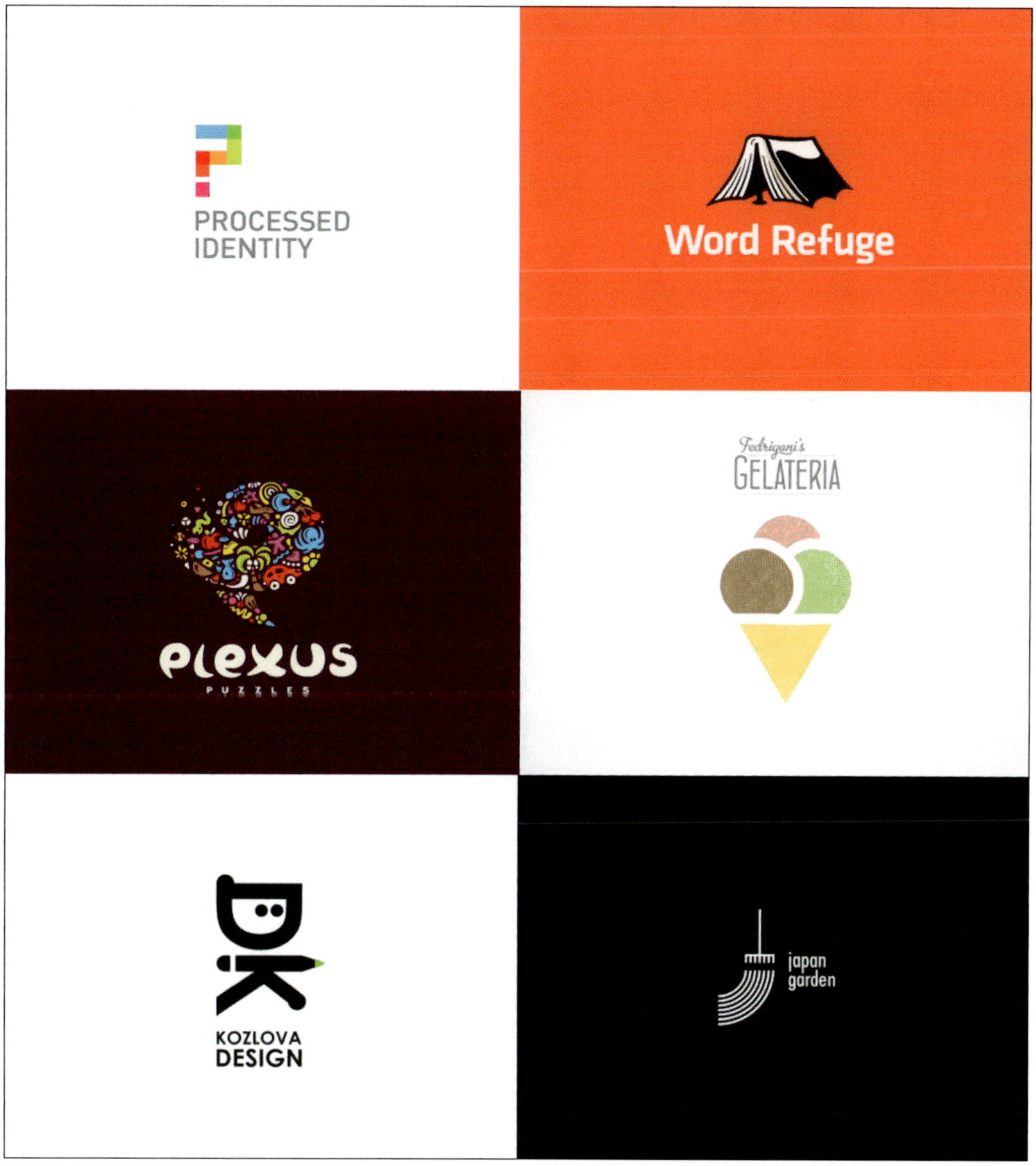

图 4-8　国外大小企业均十分重视视觉形象设计

第二节　VIS导入的基本程序

一、为什么导入 VIS

VIS 的导入对企业品牌形象系统是一项影响深远、涉及面广泛的宏大工程。它的导入，是企业在经营管理观念、内外关系协调、组织战略、企业品牌形象等方面的一个自我更新和本质升华的过程，使企业经营管理达到一个更新、更高的水平。通过视觉设计的深入推广传达，对员工、消费者及社会展现出一个更直接、更全面、更鲜明的企业品牌形象，进而更充分地传达企业经营理念和文化价值等内在特质。随着企业的发展和知名度的提升，VIS 所表现出来的品牌力量越来越强大，并最终成为企业的巨大无形资产。

二、导入 VIS 的时机

VIS 是企业长期经营策略以及企业 CIS 系统的重要组成部分，是整体计划性的作业，而非临时性、短期性的活动，因此企业在导入 VIS 时，应根据自身的特点及长久的战略眼光出发把握住最佳时机，创造最佳效果。导人 VIS 时可以把握以下几个时机。

1. 新公司成立

新公司成立之前，通过市场调研与分析，确立理想而可行的经营理念和品牌定位，设计与众不同的视觉形象识别系统，在成立之时即导入和实施 VIS，以系统性、独特性的识别系统传达给员工、消费者和社会大众，塑造良好的企业视觉形象。

华帝燃具有限公司在 1992 年创立之初便导入 VI，敢于将争取有 300 万投入资金的 1/3 用于 VIS 策划和广告宣传，也是来自经营者对品牌战略的深刻理解和认识，因而以大力度推进 VIS 工程，连年取得良佳市场业绩。（图 4-9）

vatti 華帝®
幸福生活原来是真

图 4-9　华帝燃具 logo 与广告语组合

2. 创业周年纪念

举行企业周年纪念是对企业成长、发展的一种检阅和肯定，是对企业过去的总结和对未来的展望。在创业纪念时，导入 VIS 可重塑企业的崭新形象，朝向更长远的经营目标，并可增强员工的向心力与员工士气，使大众对企业的经营与未来更有信心。

2002 年南京师范大学在其 100 周年校庆时，对原有的零散的视觉形象进行修缮、整合、升级，重新导入完整的 VIS，为其百年华诞献上一份厚礼。（图 4-10）

NNU · 南京师范大学
NANJING NORMAL UNIVERSITY

图 4-10　南京师范大学校徽与中英文的组合

3. 企业规模、经营内容扩大，朝多元化经营发展。

随着时代的发展变化，企业本身也在不断地成长变化，企业规模、经营内容将随之扩大和改变，朝着多元化的方向发展，企业原有的公司名称、企业理念、标志等与企业发展变化的情况不相符合，因此必须导入新的 VIS，来契合企业新的情况，建立起符合企业经营运作的新的视觉形象系统。

4. 进军国际市场

一般企业在经营初期，大都以国内市场为主；但随着国际贸易的环境变化，开拓国际市场谋求新的发展，已成为众多企业新的经营区域，这时原有的传达企业理念与文化价值的视觉形象系统，不能适应国际市场经营的需要；因此建立新的企业视觉识别系统，修正或替换原有标志、标准字、标准色等，是为建立品牌形象的对应策略。另外还要建立适于国际市场的新的企业理念识别和行为识别系统。

联想集团在国际化道路中对企业视觉形象进行了有力的重塑。2003 年 4 月 28 日，联想集团启用了新标志，已使用了 19 年的英文“legend”被“lenovo”替代，随后赞助了 2004 年的雅典奥运会，使得企业更国际化，更具独特性，符合了联想集团海外市场发展的需求。（图 4-11 至图 4-12）

图 4-11　联想旧 logo

图 4-12　联想更新后的 logo

5. 新产品的开发与上市

企业为满足消费者日益变化的消费需求而致力于开发、研究新的产品。当新产品上市时，也是导入 VI 的良机，新产品的开发标志着企业经营不断创新、不断发展的最新成果，此时消费者最容易接受新形象、新观念，配合新产品上市树立企业形象，可收到促销产品的广告效果，又具有塑造企业形象的双重功能。

6. 消除负面印象

企业经营有时会遇到些偶发性因素的困扰，致使社会大众对企业产生负面印象，此时可通过 VI 的导入，消除消费大众心中的阴影，树立面目一新的新形貌。

7. 经营理念的重整和改变

企业陈旧老化，理念精神无法适应时代步伐，必须将之重新调整，脱胎换骨，再创新生，此时导入 VI，通过活动识别和视觉识别的信息传递，使社会大众感受到企业欣欣向荣的进步形象。如李宁更换和升级 VI 系统，再造形象。

8. 企业改组，人事变动。

为适应改革和发展战略的需要，企业进行合并、拆分、改组，进行重要人事变更，此时旧有的形象系统已经不符合新的经营理念、方针；创新与重塑视觉识别系统是改变旧有企业形象的最佳途径。

1999 年 2 月，国务院通过中国电信重组方案，2000 年中国电信集团挂牌。2002 年 5 月 16 日，中国电信最终南北分拆方案确定，新中国电信集团及中国网通集团正式挂牌成立。2003 年，是中国电信上市元年，集团进行了立体的市场布局。在此期间中国电信集团公司正式使用了新标志并对整个 VIS 进行了全面的推广。中国电信在品牌形象更新后，通过科学管理实现了平稳过渡，品牌影响力和市场份额都得到了有效提升。（图 4-13）

图 4-13 中国电信

9. 企业情报组织杂乱，管理系统欠缺。

企业在长期的经营过程中，产品的种类增多，其包装样式，风格尺寸，产品宣传均造成复杂多样等无法统一的信息情报，使企业的精神与经营理念无法统一明晰地表达。同时造成内部作业的烦琐与纷乱，因此，实施 VIS 可使企业以规格化、统一化、组织化的系统作业，健全管理系统，有效地传递统一的企业信息。

10. 竞争产品的性格模糊，产品个性不明显。

由于科技、生产技术的进步，企业间极易制造出品质相近、成本、售价雷同的产品，导致企业的个性差异不大，使消费者对商品产生难以识别、疑惑的现象。为创造企业间的差异性，树立独特的企业形象，强化市场竞争力，即可导入 VIS。

三、导入 VIS 的基本程序

1.VI 项目立案

立案部分主要包括两个部分：VI 设计说明会和成立 VI 设计委员会。

（1）VI 说明会。VI 设计执行的专业公司和准备导入 VI 的企业的双方高层领导进行座谈，并由设计公司主创人员阐述 VI 战略的功能、意义、运用、管理、维护等，以达成双方对导入 VI 的统一认识。

（2）成立 VI 委员会。由设计公司的高层领导、主创人员、客户执行和企业的领导、经营方面的责任人、职工代表等，共同组成“VI 战略委员会”；双方共同制定 VI 工作的指导原则、工作计划、项目内容、时间进度等大纲。

2. 企业实态调查和分析

调查研究是 VI 策划、设计中首先确定的一种意识，是整个操作的生命线和基础，它贯穿了 VI 策划、设计的整个过程。在企业明确了 VI 导入工作意向后，专业设计公司需要对客户整体的状况，包括产品、品牌、经营者有一个大致的调查。在 VI 说明会后，专业设计公司将对客户进行市场调查，有系统地搜集、记录、分析有关产品及营销资料。

（1）调查范围。含对内、对外两部分。对外包括企业的组织结构、市场情况、消费者的需求、竞争对象和合作对象等方面。对内包括企业的经营哲学、事业领域、经营环境、企业文化、广告营销、产品开发策略、现有企业形象等。

（2）调查对象。主要包括：

①企业高层领导。企业的决策者对 VI 的认同和认识程度，对直接影响 VI 设计与执行的情况。

②企业工作人员。主要是一般的职工，在调查中要让职工真正能为企业出主意、说真话。这需要采取适当的措施，如奖励制和不记名调查等。

③消费者。在市场经济条件下，消费者对一个企业或产品的好恶态度，将直接决定企业的生存发展。

④企业的关系者（分销商、直销商等）。影响企业市场拓展的一个重要因素是企业的销售网络状况，而企业关系者对其的评价和意见，直接影响企业产品的竞争力。

（3）调查方法

①根据现有资料的调查。分为内部资料和外部资料调查。

企业内部资料：一般情况下，企业对自己的产品、营销、经营状况较为了解。有些客户自己做过市场调查，或委托专门的广告公司或调查机构做过市场调查。因此，客户应尽可能多地提供有关情况，避免不必要的重复调查而造成浪费。

来源于政府机构、行业协会、媒体报道等外部资料：对市场和某个产业的一般状况，国家统计局和各省、市统计局出版的各类《统计年鉴》《统计报告》能提供许多信息。政府机构还发布对国家经济形势的评估，有关的政治经济政策及对产业的扶持或削弱的措施等。设计公司由专人负责收集来自政府机构、行业协会、媒介等方面的信息。

②根据实际情况的调查。可用深层访谈和小组面谈等方法。

深层访谈：VI 策划人员与企业高层主管，以相互依赖和共同发掘问题为基础，相互沟通，对企业经营的现状、内部的组织、运行的方向等正负面问题进行深入探讨，将开发设计导入正确的方向。

小组面谈：员工的忠诚度、归属感、向心力等意志的贯彻与否，决定企业经营的成败。VI 策划人员与企业内部员工进行小组面谈，了解员工对于企业内部作业环境、待遇福利、作业流程、管理体制等问题的反映和看法，是 VI 开发、设计最佳的参考资料。

③问卷调查法。根据企业的调查范围，VI 策划人员设计不同的项目问卷，对企业的全体员工或关系者，进行问卷调查。

④观察法。VI 策划人员根据调查的项目要求，对调查对象进行实体考察。

（4）调查分析。根据调查所得的结果，进行定性、定量的分析，并写出符合实际的调查报告。

3. 确立 VI 策划与设计的框架思路

在 VI 策划与设计前，首先必须确定 VI 设计的总体框架思路。

框架思路的内容包括调查结果的要点、企业的 VI 概念、具体可行的策略、VI 的设计开发要求和 VI 有关的补充计划。框架思路的内容清楚地标示出了企业“问题”和“解决办法”两大重点，并且对具体的实行步骤、方法和预期成果加以说明。

一个完整的 VI 设计框架思路，一般包括以下项目：标题，企业导入 VI 的目的，企业导入 VI 的理由和背景，企业 VI 导入计划、时间预定表，VI 的计划方针，VI 具体的履行细则，确定 VI 设计、开发的组织功能等。在这七大项目中，其中企业导入 VI 的目的、导入 VI 的理由和背景，以及 VI 的计划方针是三大重点。

4.VI 的设计与开发，制作 VI 手册。

在此过程中必须注意时时地对比，包括对内和对外的视觉形象对比，同时结合企业实际情况，进行有针对性的基础系统和应用系统设计。

5.VI 的贯彻与执行

贯彻和执行必须准确，有力度，覆盖全面，不留盲点。

6.VI 的成果管理与维护

一个企业的 VI 成果管理与维护主要包括以下部分：

（1）建立 VI 管理与维护的常设机构。

（2）VI 的对外宣传。包括：①企业应充分利用诸如周年庆典、大型活动、VI 导入周年等一切时机，强化和深化 VI 的推广；②企业应积极参加社会活动，如赈灾捐款、援助“希望工程”等公益活动，一方面体现企业的社会责任感，另一方面展现企业的新形象；③企业所有对外事务活动，如高职的社交、营销、促销等，其硬件应符合 VI 系统规范，活动人员的举止应符合 MI、BI 系统的规范。

（3）VI 的对内宣传。常态的宣传教育，定期或不定期的组织学习，确保员工准确理解和接受。

7.VI 的检测与反馈

企业在导入 VI 以后，应建立相应的 VI 成果监测系统，派专人定期进行市场调查，一旦发现 VI 执行不规范，应及时纠正与补救。

企业应经常组织员工讨论，检讨 VI 成效，收集员工对 VI 的意见和建议，为在恰当的时候对 VI 进行必要的修正作准备。

一般来说，企业 VI 计划导入应该经过以上几个阶段，但因各个公司具体情况不同，导入的程序和步骤也各有特点。

第三节　品牌战略实例

一、李宁品牌重塑

1. 创业期（1990-1992 年）

首要是生存，开始赞助体育、特许经营，无品牌概念。创业初期，公司曾定位李宁牌为“国内高档品牌”；但是推出第一件产品时，由于价格比国内其他产品高出 1 倍，市场、商家难以接受，后来只好回调成适合大众价位的产品，以中低档定位进入市场。

1990 年，刚刚成立的李宁公司斥资 300 万，说服亚运会组委会回绝了韩国某公司 3000 万的赞助，成功赞助了北京亚运会，让全国乃至全亚洲消费者认识了李宁。1992 年巴塞罗那奥运会，“李宁牌”被选为中国体育代表团专用领奖装备，从而结束了中国运动员在奥运会上穿着国外体育品牌服装的历史。从此以后，体育赞助成为李宁公司主要的市场推广手段。而说到特许经营，也算是歪打正着，当年李宁公司由于不是国企而进不了国营商场的大门，只好另辟蹊径，一方面联络李宁的队友、亲朋好友，另一方面联系全国个体户经销李宁牌产品。（图 4-14）

图 4-14　李宁旧 logo

2. 高速发展期（1993-1995 年）

大众化、中档产品定位；多元化产品，市场导向，扩张市场；以团体订货为主渠道，以“农村包围城市”为主要经营道路，迅速建立了品牌知名度。由于其大众化的产品定位，李宁公司成功实现生存目标，进入高速发展时期。公司许多员工还记得当年“全民穿李宁”的壮观场面，上至政府官员、下至工薪阶层，甚至拉平板车的，几乎人手一件李宁！

3. 调整期（1996-2000 年）

调整内部机制，强化管理，产品导向，调整品牌定位，引导市场，城市化与时尚化。一方面由于 20 世纪末金融风暴影响，国家宏观经济调整，国企兼并破产，团体消费骤然下降，市场下滑明显等外因；另一方面由于前几年的扩张发展，公司陷入品牌分化陷阱，经营成本加大，公司内耗严重，经销网络出现跨地区经营、窜货和经销商资质下降等因素，公司在分析预测市场后认识到必须进行调整。

1997 年，李宁公司开始进行品牌重新规划。根据对中国体育用品市场需求分析，李宁公司管理层感觉到在青少年中蕴藏的巨大消费潜力，从而决心将品牌从设计风格单一的大众化重新塑造成“时尚年轻、具有特性的城市品牌”。同时 在全国主要城市建品牌形象店，用瞿颖、邵兵作为其形象代言人，推广品牌的新形象。虽然这一时期李宁在中国的体育用品市场上仍旧位居第一，相当于耐克和阿迪达斯在中国销售额的总和；但市场环境每一年都在发生着巨大的变化，而且这种变化的节奏逐年在加快。竞争对手这时在市场上开始发力，前有阿迪达斯、耐克，后有以安踏为首的晋江体育用品军团；李宁公司被包围在了中间，不进则退。

4. **二次发展期**（2001-2006 年）

2001 年，服务于李宁公司多年的老臣张志勇出任公司 CEO。他发现：李宁品牌在北京、上海、广州等一线城市，相比耐克和阿迪达斯，销售上不去；而在二线城市，销售似乎还可以。由于多年批发渠道对于李宁品牌的影响以及李宁经营方向的不明确，让李宁品牌已经面临着老化。

这一时期，李宁公司采取了一系列措施，提出“二次创业”。公司管理团队逐渐从经验型向学院型过渡，更加重视制度和规律，委托著名调研公司进行市场分析。公司员工队伍迅速扩大，外资、合资企业的“空降兵”不断进入公司，来自意大利和法国等地的海外设计师、设计工作室先后加盟。相继成立高尔夫事业部和青少年事业部，推出李宁高尔夫产品和面向 18 岁以下消费群的体育用品。实行产品经理制，重新审视品牌现状，着手确立准确的品牌定位。（图 4-15 至图 4-16）

图 4-15　李宁旧门店里的童装

图 4-16　李宁品牌重塑前的形象广告

5. **困惑期**（2008 年前后）

中国加入 WTO，2008 年奥运在中国举行，中国政府发展体育产业的宏观政策出台，中国体育用品市场也出现了国际化趋势。市场产业属性明晰化，体育用品市场不断被细分，有两个非常明显的趋势是：体育用品休闲化和休闲产品运动化。李宁公司现有的品牌定位是不能适应其未来发展的需要的，李宁公司应该如何选择品牌发展战略？是根据现有消费群体的需求，从产品的设计开发、广告等各方面来调整公司的品牌战略？还是坚持“开发决定市场”的理论，通过设计开发出优秀的产品、塑造强势的品牌文化来引导市场的需求？

李宁公司一贯注重对产品的研发，并通过举办“大学生创意设计大赛”来培养设计人才。（图4-17 至图4-18）

图 4-17　李宁老产品

图 4-18　李宁杯全国大学生创意设计大赛

图 4-19　李宁新 logo

图 4-20　李宁新门店

6. 品牌重塑期（2010 年至今）

2010 年运动品牌李宁启动了“品牌重塑计划”，告别沿用了多年的旧 logo，名为“李宁交叉动作”的新 logo 将成为李宁品牌的新形象；而原有口号“一切皆有可能”也被更为国际化的“Make The Change”取代；推出以“90 后李宁”为主题的系列产品。

尽管网上对“李宁重塑计划”诟病颇多，但在业内人士看来，却是国内品牌的一大进步。在继 logo 上模仿耐克，广告语上跟随阿迪达斯之后；李宁终于选择在品牌高屋建瓴的规划和传播上向对手看齐了，在意识和理念上跨出的一大步。李宁公司重塑品牌的原因是对中国体育产品市场竞争日趋激烈和未来劳动力成本上升的预期。资料显示，尽管 2009 年李宁在中国市场的销售额超越了阿迪达斯，但主力市场仍集中在二、三线城市。业界普遍认为，李宁在品牌重塑的同时，也宣告了将在一线城市与耐克、阿迪达斯等国际品牌正面展开争夺。（图 4-19 至图 4-22）

图 4-21　李宁新的视觉形象

图 4-22　李宁新网站新形象

二、星巴克（Starbuck）的视觉形象发展

星巴克是全球著名的咖啡文化连锁店，1971 年成立，总部位于美国华盛顿州西雅图市，在全球范围内已经有近 1.8 万间分店，遍布北美、南美洲、欧洲、中东及太平洋地区。中国台湾地区星巴克由统一企业与美国星巴克合资，上海及华中区的星巴克由台湾统一企业、上海烟草集团以及美国星巴克合资，北京与天津星巴克由北京美大星巴克公司经营，而广东、香港及澳门的星巴克则是由美心集团及美国星巴克合资的，沈阳、大连等城市的星巴克则是星巴克总公司的直营店。星巴克咖啡国际公司总裁约翰 · 卡尔弗在 2011APEC 中小企业峰会上表示，希望中国成为星巴克在美国以外最大的国家，2015 年星巴克在中国大陆开设门店有望达到 1500 家门店。

星巴克的每一家门店都是独特的，充分融入当地的传统文化元素。星巴克旗下零售产品包括多款全球顶级的咖啡豆、手工制作的浓缩咖啡和咖啡冷热饮料、新鲜美味的各式糕点食品以及丰富多样的咖啡机、咖啡杯及附属衍生品等商品。星巴克的产品不单是咖啡，咖啡只是一种载体，而正是通过咖啡这种载体，星巴克把一种独特的文化格调传送给顾客，渗透到顾客生活的每个角落。咖啡的消费很大程度上是一种文化层次上的消费，文化的沟通需要的就是咖啡店所营造的环境，文化能够感染顾客，让顾客享受并形成良好的互动体验。（图 4-23 至图 4-26）

图 4-23　星巴克多款咖啡的包装设计

图 4-24　星巴克 DM 单

图 4-25　各式各样的杯子彰显咖啡文化

图 4-26　带有星巴克元素的手机套壳

星巴克的标志颇具神秘色彩。据说名字定下后，Terry Heckle 开始研究其古老的海事书籍，后来找到了一幅 16 世纪斯堪的纳维亚 Scandinavia 的双尾美人鱼版画图案，据此设计出了星巴克的标志，即美人鱼在中间，周围围绕着 STARBUCKS COFFEE TEA SPICES 的字样，据查，这个标志首次使用是在 1971 年的 3 月 29 日。

后来在 1986 年的 11 月 18 日注册了仅有 STARBUCKS 字样的这个标志，美人鱼的样子基本上没有变化，1989 年的 6 月 6 日所注册的商标有很大的改变，颜色换成了绿色，美人鱼依然是全身像，依然保留了肚脐眼儿，但脱离了版画的风格，而更像个标志了。不过被显示一半的鱼尾（由三叉变成了两叉），经常会被误认为是美人鱼的手。有意思的是，据说连星巴克的员工都不知道那螃蟹夹子其实是尾巴。

从星巴克 1992 年的标志上不难看出，美人鱼是越来越含蓄了，从一开始的袒胸露乳到后来的已经很难分辨出她的双尾的版本。而 1994 年首次大改动就是像很多含蓄的美人照片一般将美人鱼的乳房用她的头发遮挡了起来。据说是源于顾客们的意见，他们觉得美人鱼的形象很具有攻击性，而且也有太多的“性”引诱的成分在里面。后面的更改都是在去除多余的元素，比如：去掉了感觉好像劈开的双腿般的鱼尾，那个姿势实在是太不雅观了，这也是现在版本的最大进步。

星巴克在 2011 年推出了全新的视觉设计。新的 logo 其实就是在旧 logo 的基础上进行的简化，把“咖啡”的单词从商标中去除，扩大绿色美人鱼图案，这也意味着星巴克不再满足于“专注咖啡”的品牌形象，将扩展到更多新的食物领域，比如瓶装饮料、冰激凌等。星巴克总裁兼首席执行官霍华德 . 尔茨在公司网站上称：“在过去 40 年时间里，美人鱼图标一直都存在于公司商标中。现在，我们对其作出了小而有意义的改动，目的是确保星巴克品牌继续将我们的传统遗产涵盖在内，同时也是为了确保我们能在未来实现增长。”（图 4-27 至图 4-28）

星巴克的每一家店面的设计都是由美国方面完成的。在设计上，星巴克强调每栋建筑物都有自己的风格，而让星巴克融合到原来的建筑物中去，而不去破坏建筑物原来的设计。每次增加一家新店，他们就用数码相机把店址内景和周围环境拍下来，照片传到美国总部，请他们帮助设计，再发回去找施工队。这样下来，星巴克才能做到原汁原味。（图 4-29 至图 4-34）

图 4-27 星巴克标志的演变

图 4-28 星巴克员工身上散发着咖啡文化

图 4-29 中国大陆地区星巴克门店（一）

图 4-30 中国大陆地区星巴克门店（二）

图 4-31　星巴克的咖啡“书店”

图 4-32　阿姆斯特丹星巴克概念店设计

图 4-33　日本星巴克门店

图 4-34　旺角洗衣街星巴克

第五章

经典 VI 设计案例欣赏

为拓展读者视野，本章结合前四章的内容，以爱普生（EPSON）、百度、联想集团和全国青少年科技创新大赛等视觉形象识别系统为例，对 VI 设计的全流程予以全景式展现。限于篇幅，本章只挑选四个企业VI 系统中的典型作品，这些作品，或是 VI 设计的重要环节，以帮助读者巩固之前所学知识技能，或是一些极富创意的设计，以启发读者的设计创意思维。这四个企业的其他设计作品，请读者参见随同本书赠送的光盘。

第一节　EPSON企业视觉形象识别系统

爱普生公司成立于 1942 年 5 月，总部位于日本长野县诹访市，是数码映像领域的全球领先企业。从上面的 VI 系统树状图可以看出：爱普生的视觉形象识别系统完整、统一、国际化，且个性鲜明。

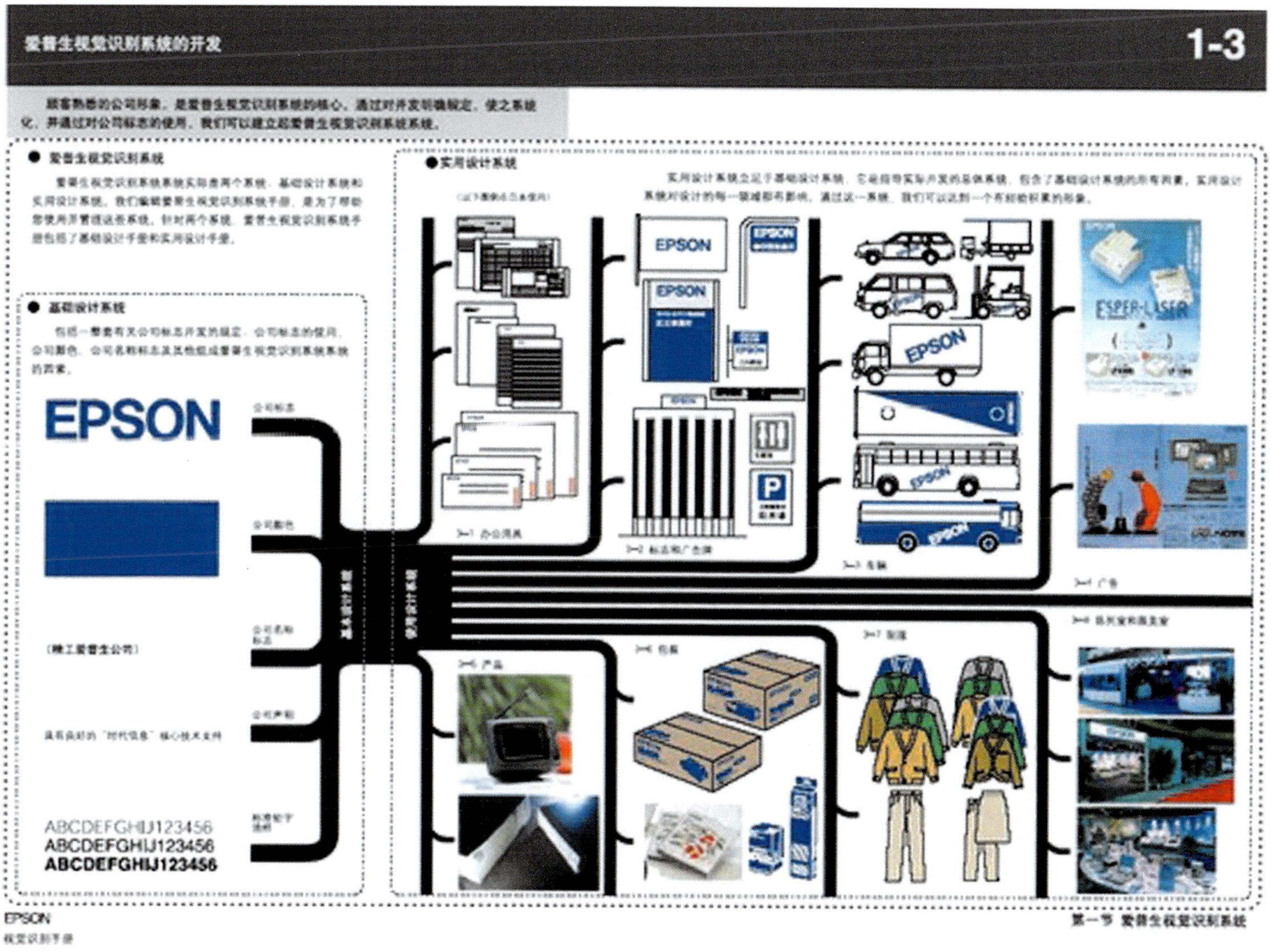

爱普生品牌的作用 1-1

爱普生品牌既是展示精工爱普生集团产品的品牌，也是公司的品牌，因此，标准化的爱普生品牌应一直被用于精工爱普生集团的所有产品和通讯器材上。

作为公司和产品品牌，爱普生品牌是精工爱普生集团在世界范围内开展活动的一项重要知识产权，"EPSON"标志既代表爱普生品牌，也是公司标志，应对公司标志给予最大程度的爱护，并根据本手册的有关规定加以使用。

EPSON

EPSON
视觉识别手册

第一节 爱普生视觉识别系统

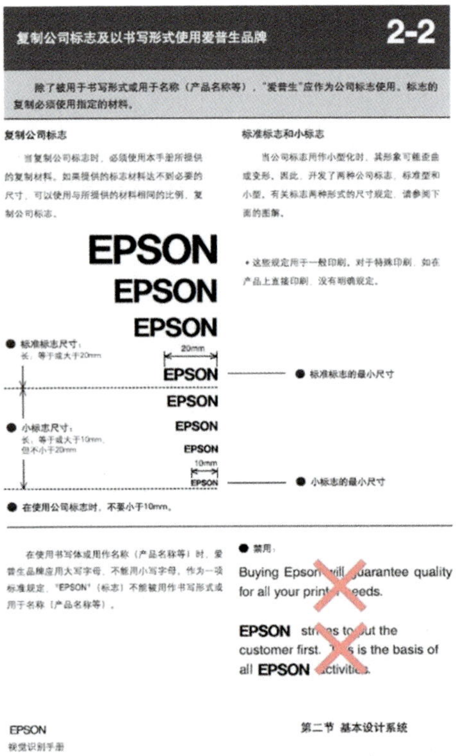

复制公司标志及以书写形式使用爱普生品牌 2-2

除了被用于书写形式或用于名称（产品名称等），"爱普生"应作为公司标志使用。标志的复制必须使用指定的材料。

复制公司标志

当复制公司标志时，必须使用本手册所提供的复制材料。如果提供的标志材料达不到必要的尺寸，可以使用与所提供的材料相同的比例，复制公司标志。

标准标志和小标志

当公司标志用作小型化时，其形象可能歪曲或变形，因此，开发了两种公司标志，标准型和小型，有关标志两种形式的尺寸规定，请参阅下面的图解。

• 这些规定用于一般印刷，对于特殊印刷，如在产品上直接印刷，没有明确规定。

● 在使用公司标志时，不要小于10mm。

在使用书写体或用作名称（产品名称等）时，爱普生品牌应用大写字母，不能用小写字母，作为一项标准规定，"EPSON"（标志）不能被用作书写形式或用于名称（产品名称等）。

● 禁用：

EPSON
视觉识别手册

第二节 基本设计系统

作为集团公司和产品的品牌，简洁的英文字母准确、明晰、好看；标志的使用必须用特定的材料，且尺寸不小于 10mm ；必须用大写英文，禁止用小写字母。

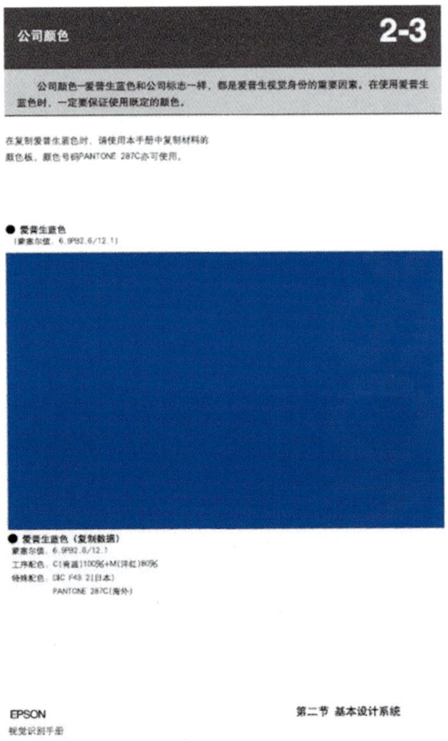

公司颜色 2-3

公司颜色—爱普生蓝色和公司标志一样，都是爱普生视觉身份的重要因素，在使用爱普生蓝色时，一定要保证使用既定的颜色。

在复制爱普生蓝色时，请使用本手册中复制材料的颜色板，颜色号码PANTONE 287C亦可使用。

● 爱普生蓝色
（蒙塞尔值，6.9PB2.6/12.1）

● 爱普生蓝色（复制数据）
蒙塞尔值，6.9PB2.6/12.1
工序配色，C(青蓝)100%+M(洋红)80%
特殊配色，DIC F43 2(日本)
PANTONE 287C(海外)

EPSON
视觉识别手册

第二节 基本设计系统

公司标志（公司象征） 2-1

公司标志（公司象征）是爱普生视觉识别系统的核心，对整个视觉识别系统的开发具有影响，公司标志是公司最为重要和最为明显的象征。

通过适当努力，设计出爱普生公司标志，以表现爱普生公司形象，字体准确、明晰、好看，公司颜色—爱普生蓝色寓意诚信、明智、有力，还表明了公司的态度，即保护一个清洁的地球的形象。

● 公司标志（公司象征）

EPSON

EPSON
视觉识别手册

第二节 基本设计系统

爱普生蓝色是视觉形象的关键组成要素，寓意诚信、明智、有力，还表明公司的态度，即保护一个清洁地球的形象。输出时按照对应的色彩数值，准确输出，并注意校正输出颜色。

标志的标准制图。通过网格坐标，可以观察到字母的线条粗细，曲线的弧度，横竖之间的比例，以及字母之间的间距等细节。

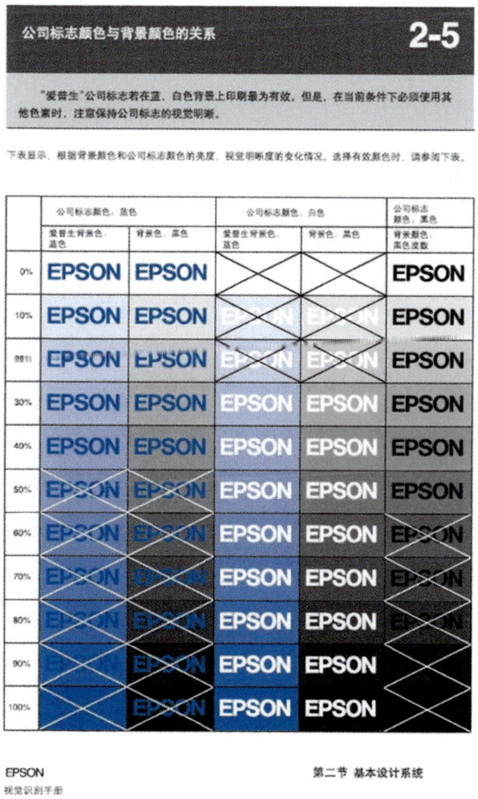

公司标志颜色在使用时尽可能保持爱普生蓝色，当蓝色输入成为不可能时，可以使用黑色、白色、灰色、金色及银色。爱普生蓝色在白色背景上印刷效果最好，但是在特殊情况下必须使用其他颜色时，请注意标志色彩与背景之间的关系，右上图“X”为禁用。

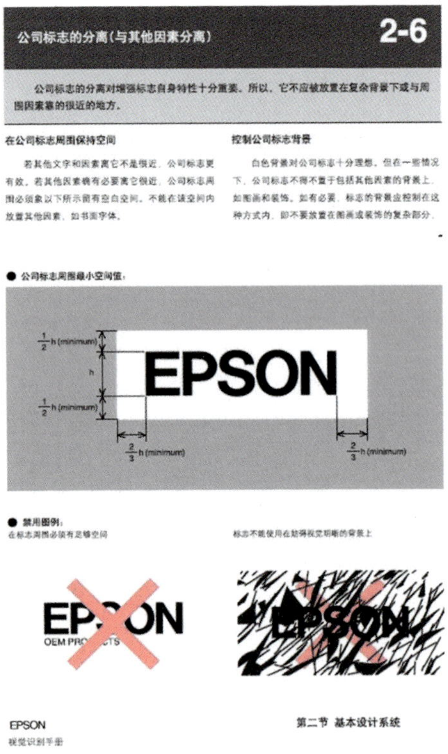

公司标志的分离（与其他因素分离） 2-6

公司标志的分离对增强标志自身特性十分重要。所以，它不应被放置在复杂背景下或与周围因素靠的很近的地方。

在公司标志周围保持空间

若其他文字和因素离它不是很近，公司标志更有效。若其他因素确有必要离它很近，公司标志周围必须象以下所示留有空白空间。不能在该空间内放置其他因素，如书面字体。

控制公司标志背景

白色背景对公司标志十分理想。但在一些情况下，公司标志不得不置于包括其他因素的背景上，如图画和装饰。如有必要，标志的背景应控制在这种方式内，即不要放置在图画或装饰的复杂部分。

● 公司标志周围最小空间值：

● 禁用图例：

在标志周围必须有足够空间

标志不能使用在妨碍视觉清晰的背景上

EPSON
视觉识别手册

第二节 基本设计系统

公司名称标志 2-9

精工爱普生公司名称标志是为了与公司标志保持和谐一致而设计的。当在标牌、业务名片上使用公司名称或产品名称时，请使用公司名称标志。增大字母间隙等变动，是不允许的。

以下所示的公司名称标志是基于HELVETICA中号字体设计的，是标准铅字清样之一。公司名称标志有两种版本，标准型和简略型。一般而言，应使用标准型。若空间有限或条件不允许使用标准型，方可使用简略型。公司名称标志中"爱普生"的设计与其他公司标志不同，请注意勿混淆。

公司名称标志颜色

爱普生公司名称标志可使用蓝色、白色、灰色、金色或银色。

● 罗马型字体公司名称标志

标准型和简略型。

SEIKO EPSON CORPORATION
SEIKO EPSON CORP.

最小型号

在一般印刷时，已设定可以接受的最小型号，请见以下图示。请勿以更小型号印刷公司名称标志。

● Minimum size of the company name logo

EPSON
视觉识别手册

第二节 基本设计系统

标志在使用时，一方面必须考虑其与周边空间的关系，保持一定的空间距离；另一方面标志不能使用在复杂明晰的背景（底纹）上。公司名称文字使用罗马型字体，且有最小宽度限制，以保证完好清晰的形象。

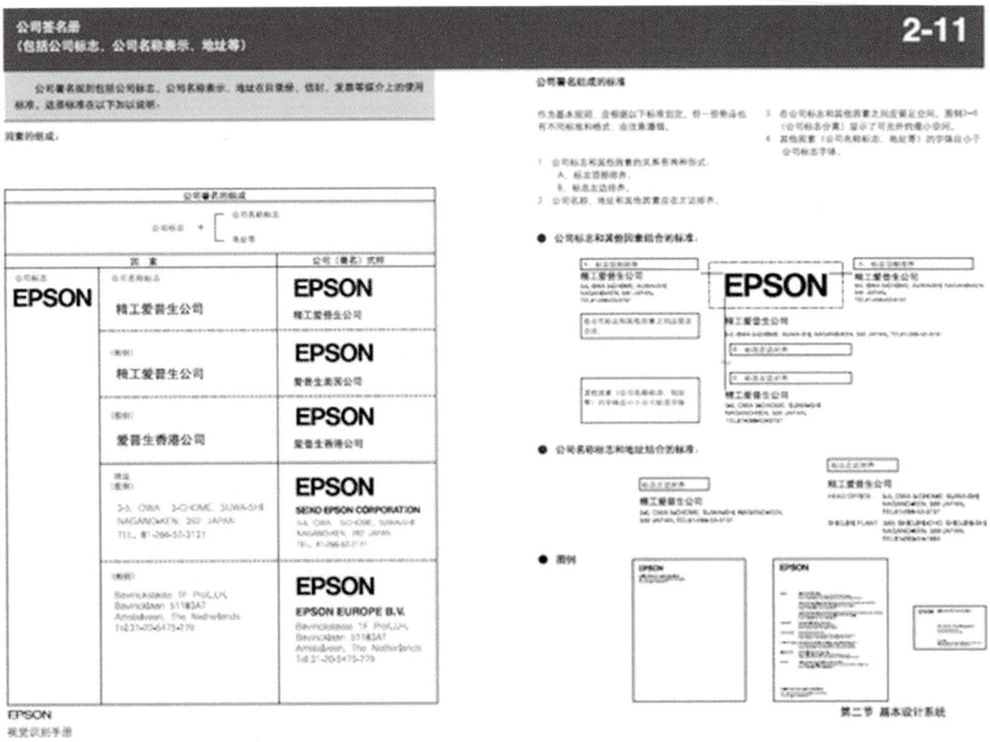

公司签名册
（包括公司标志、公司名称表示、地址等） 2-11

● 公司标志和其他因素组合的标准：

● 公司名称标志和地址组合的标准：

● 图例

EPSON
视觉识别手册

第二节 基本设计系统

公司标志、名称、地址等的一些组合样式，必须严格遵守 VI 手册中的规范，严格执行。

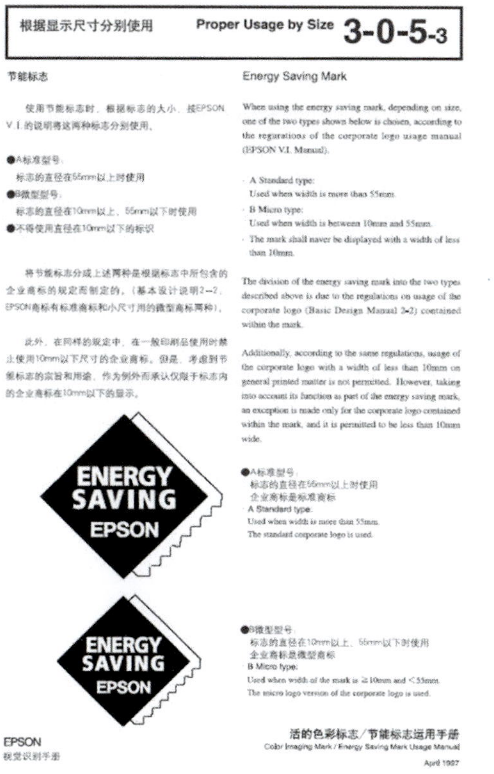

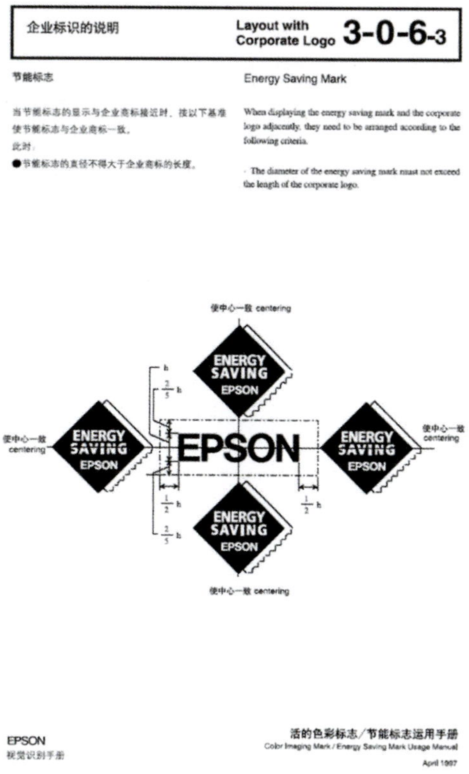

使用节能标志时，根据标志的大小，按 EPSON 的 VI 手册说明将这两种标志分别使用。节能标志与企业标志接近时，节能标志不能大于企业标志的宽度。

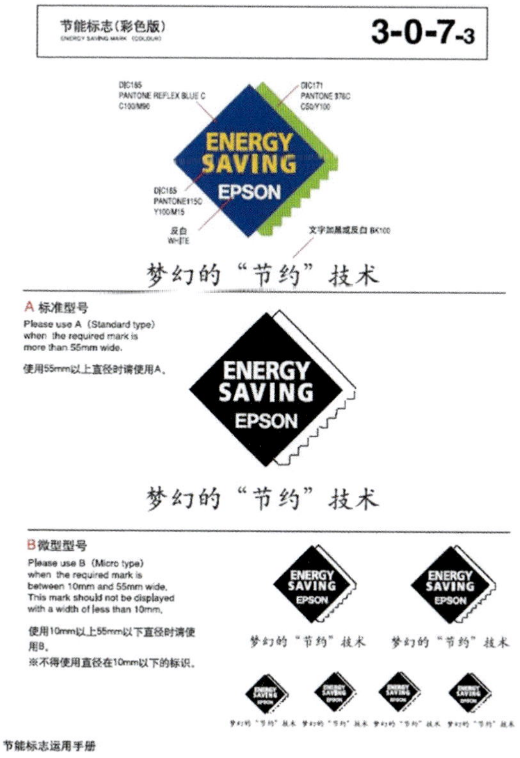

“活的色彩”标志，寓意 EPSON 强大的色彩输出能力和精彩的还原效果。2005 年 8 月 4 日，爱普生（中国）有限公司在北京发布了覆盖其全部彩色影像业务领域的产品推广口号“活的色彩”，同时还隆重推出了多款新产品。此口号的发布结束了爱普生以往在大陆地区多条产品线无统一推广口号的局面，有助于实现爱普生产品在中国的统一形象，有助于增强区别于竞争品牌的产品差异性，最突出的是有助于消费者更直观地理解爱普生产品的用户利益——爱普生的色彩是最好的色彩。

爱普生的梦幻“节能”技术在同行业中也是突出的，为此也设计了专门的标志。爱普生节能环保的理念已经深入企业的每个角落，作为将节能环保写入企业经营理念的绿色企业，爱普生正以自己的实际行动不断诠释这一理念的具体含义。

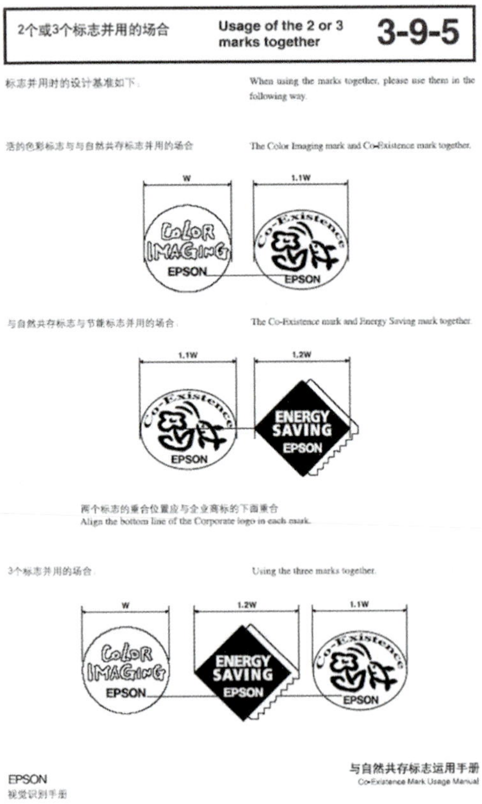

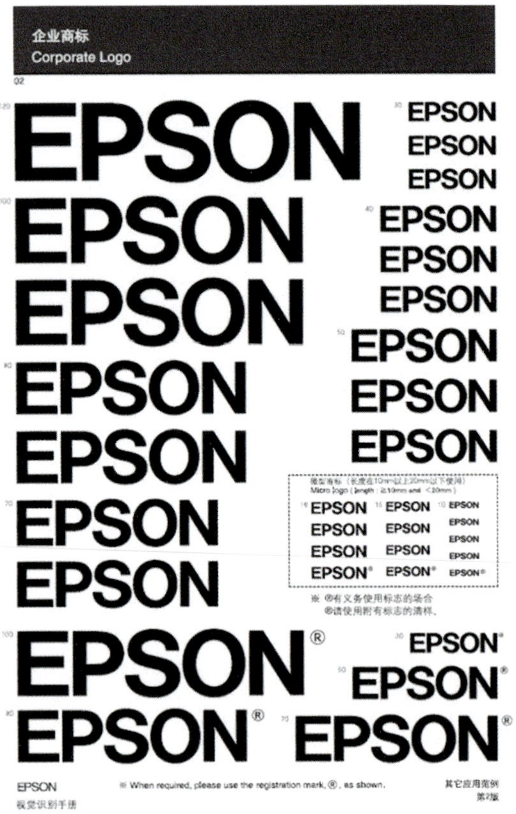

“活的色彩”标志与“自然共存”标志并用的规范，“自然共存”与“节能技术”标志并用的规范，“活的色彩”“节能技术”与“自然共存”三个并用的规范。

注册商标的使用规范。商标宽度和“R”的组合使用也必须规范。

第二节　百度企业视觉形象识别系统

百度（BAIDU）是全球最大的中文搜索引擎，2000 年 1 月由李彦宏、徐勇两人创立于北京中关村，致力于向人们提供“简单，可依赖”的信息获取方式。“百度”二字源于中国宋朝词人辛弃疾的《青玉案·元夕》词句“众里寻他千百度”，象征着百度对中文信息检索技术的执着追求。从百度 VI 手册的目录（部分）来看，其视觉形象识别系统针对互联网和搜索引擎这一核心内容展开。尽管这是部分目录，但仍感受到其严谨性和完整性。

目录

一、基础系统

当我们在使用标志时，必须清醒地意识到，企业标志就是企业价值的有效传达，在一定意义上它就是企业的生命和价值载体。

百度是企业的名称，表达了一种寻找的焦急和找到的喜悦，寓意着十全十美的服务，百分之百的满意度。

企业标志和企业品牌以及企业名称组成了企业品牌标志，是一个经过精心推敲和设计的组合。

右上图是标志与名称竖式组合的黑白稿，可以清楚地看到图底转换与对比。

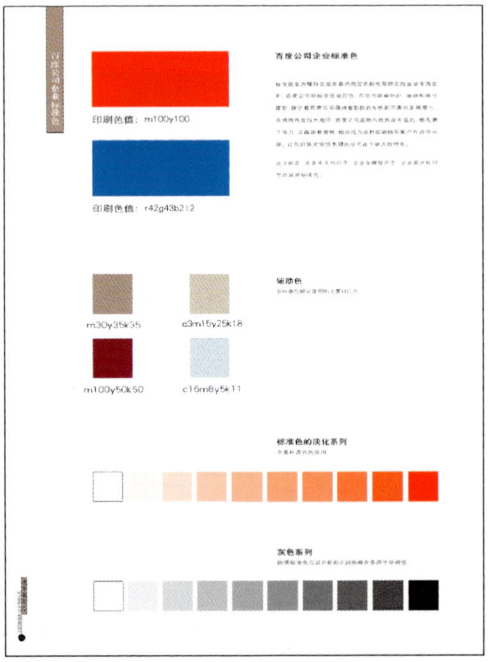

企业标准色是增加企业视觉识别最积极的因素。百度企业标准色是红色，代表着浓烈、激动和朝气蓬勃，预示着百度公司孕育着勃勃的生机和无限的发展空间。企业的标志、标准字等均突出红色。辅助色与标准色组合使用，可以丰富标准色的运用。

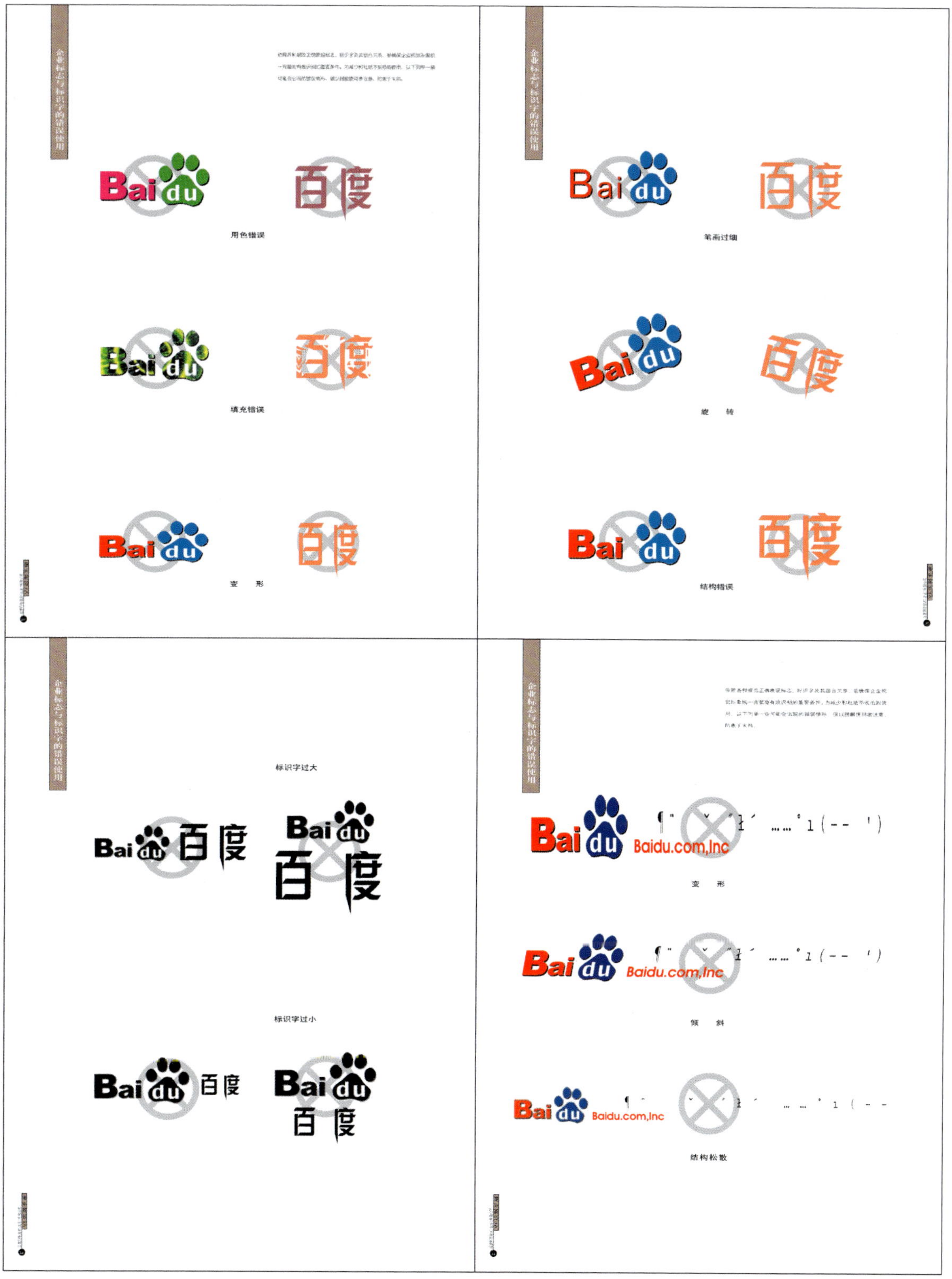

错误使用标志、标准字、标准色的举例，借以提醒使用者注意，严禁使用以上方式，以免破坏视觉形象。如用色错误、填充错误、变形、笔画过细、旋转、结构错误等等。

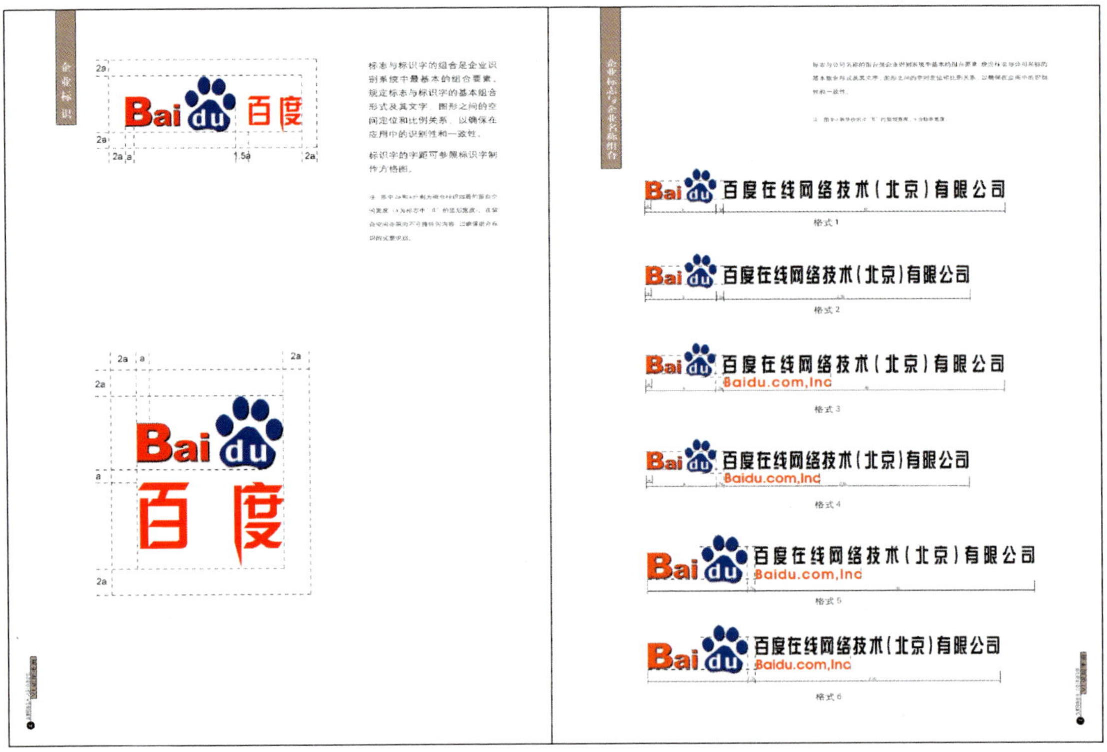

企业标志与标准字、名称的组合是企业形象识别的基本组合要素，规定标志与名称的基本组合形式以及文字、图形之间的空间比例关系，以确保在应用中的识别性与一致性。

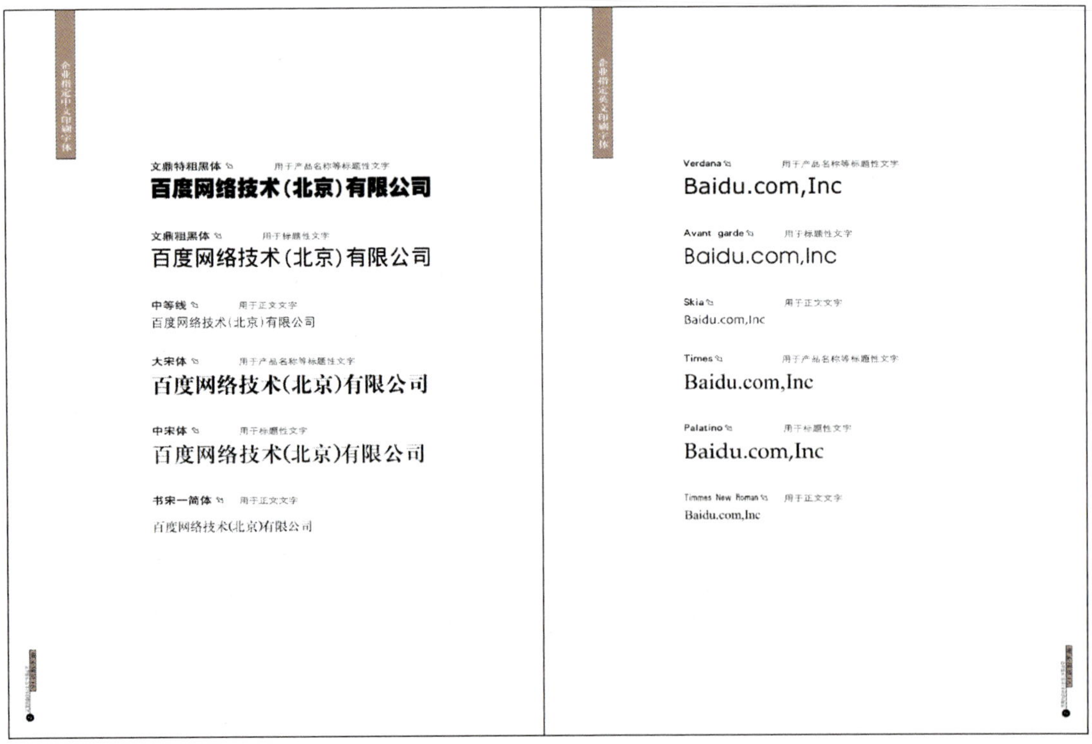

印刷字体规范，在不同情境下使用不同的印刷字体，保证形象的完整。如标题和正文应区别使用印刷字体。

二、应用系统

以下是应用系统的具体设计，其 VI 手册的每一页中都有详细的注解，请仔细阅读。

企业名片

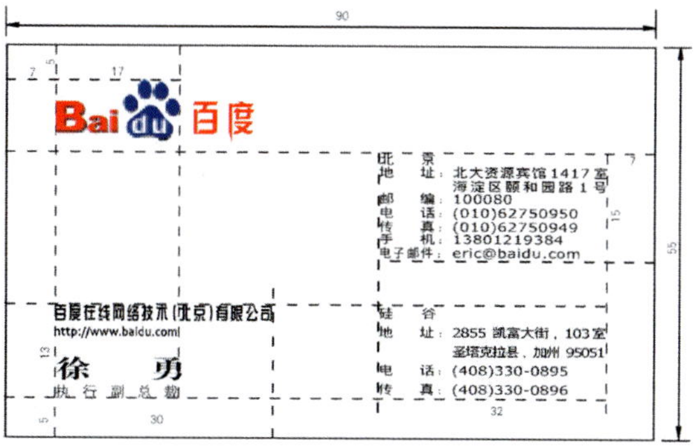

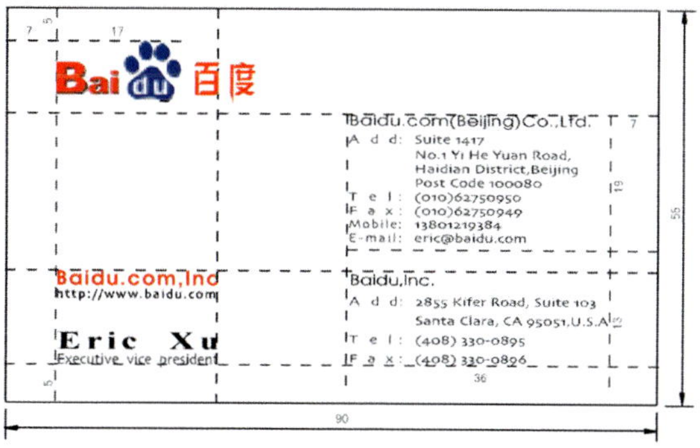

名片是集团员工日常工作中对外交往最常用的信息载体，规格统一、制作精良的名片能良好地反映集团统一的形象。对名片的印刷制作应采取专人负责的统一式管理。

- **规　　格**：90*55mm
- **材　　料**：150g-200g 白卡纸
- **色　　彩**：

标　志	m100y100	r42g43b212
文　字	K100	

- **文　　字**：

中　文　面

姓　名	大宋体	10 磅	140%
职务与职称	中等线体	6 磅	
公司名称	综艺体	7 磅	70%
地　址	文鼎粗黑体	5 磅	120%
数字与英文	Verdana	5 磅	120%

英　文　面

姓　名	Times	10 磅	140%
职务与职称	Skia	6 磅	
Baidu.com,Inc	Avant Garde(Bold)	8 磅	
公司名称	Avant Garde	7 磅	120%
地　址	Skia	5 磅	120%

百度网络技术(北京)有限公司　VI 识别手册　26

6号信封

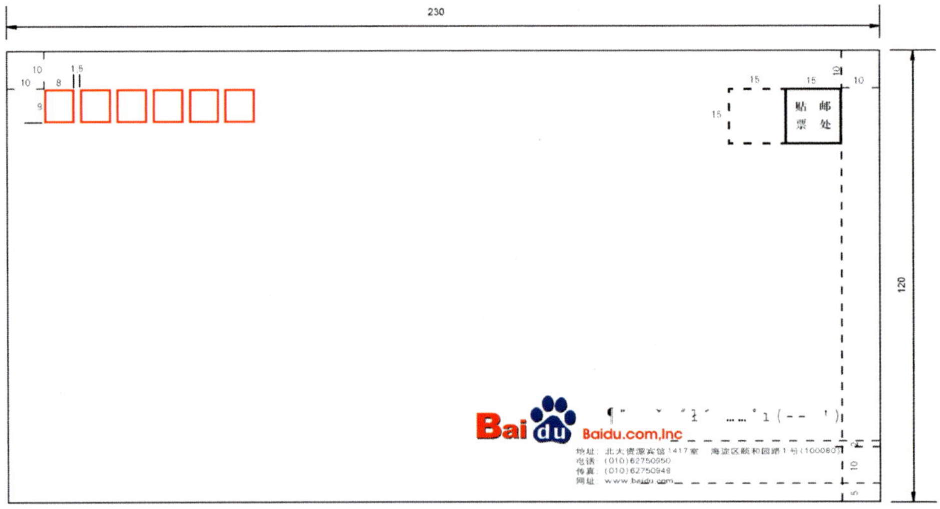

六号中式信封

- 规　格：230*120mm
- 材　料：120–150g 白色胶板纸
- 色　彩：

标　志	M100y100	r42g43b212
Baidu.com,Inc	M100y100	
文　字	K100	
邮编号码框	M100Y100	
贴邮票处边框	K100	

- 文　字：

公司名称	综艺体	11磅	
地　址	中等线体	5磅	110%
英文与数字	Helvetica 体	5磅	110%
"贴邮票处"	中宋体	8磅	

▲ 标志与公司名称组合采用格式 5

- 线　条：
  - 邮编号码框——1磅
  - 邮票虚线框——1磅
  - 邮票实线框——1磅

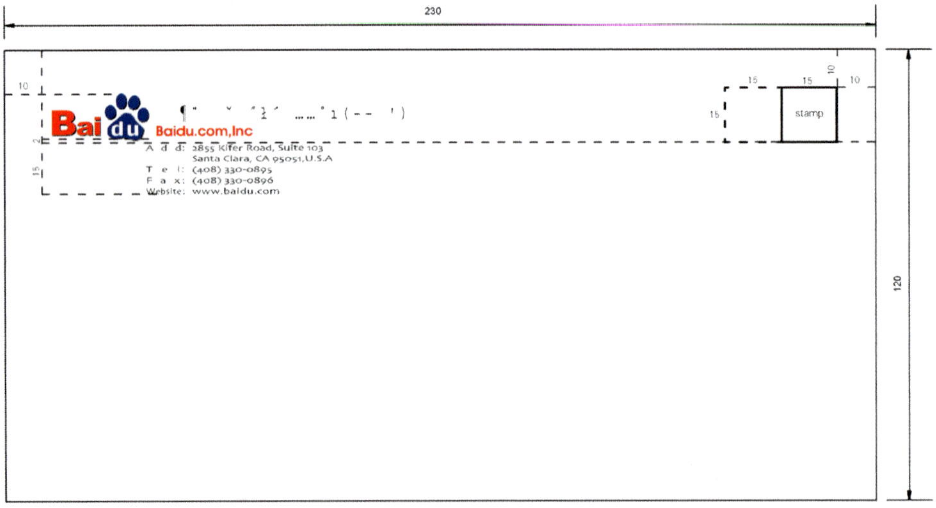

六号英式信封

- 规　格：230*120mm
- 材　料：120–150g 白色胶板纸
- 色　彩：

标　志	M100y100	r42g43b212
Baidu.com,Inc	M100y100	
文　字	K100	
贴邮票处边框	K100	

- 文　字：

公司名称	综艺体	11磅	
地址与数字	Skia	5磅	130%
"stamp"	Helvetica	8磅	

- 线　条：
  - 邮编号码框——1磅
  - 邮票虚线框——1磅
  - 邮票实线框——1磅

▲ 标志与公司名称组合采用格式 5

▲ 注 本规定中的字体取自汉仪字库
本规定中如有与国家规定相悖处
以国家规定为准相应调整

VI 设计手册
百度网络技术(北京)有限公司
27

信纸

- 规　　格：210*297mm
- 材　　料：60~80g白色胶板纸
- 色　　彩：

标　　志　m100y100　r42g43b212

文　　字　k100

线　　条　k50

- 线　　条：

1 磅

▲ 标志与公司名称组合采用格式 5

▲ 注　本规定中的字体取自汉仪字库

VI 识别手册

百度网络技术（北京）有限公司

29

胸卡 来访卡

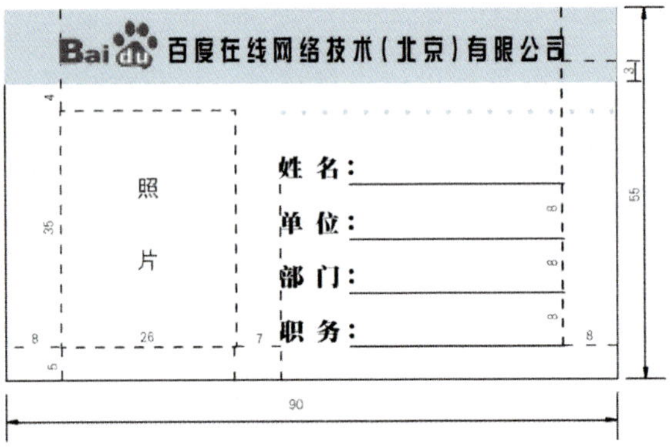

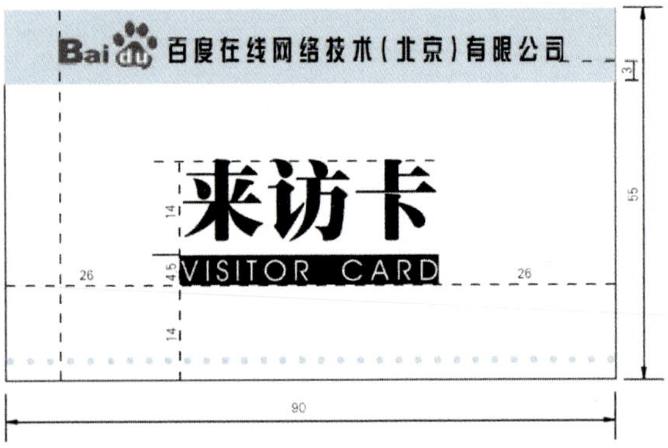

- **规　　格**：90*55mm
- **材　　料**：150–200g 白卡纸
- **色　　彩**：

上端底色　c16m8y5k11

文　　字　K100

线　　条　K100

装饰圆点　c16m8y5k11

- **文　　字**：

姓 名 等　文鼎特粗宋　10 磅

照　　片　中 等 线　10 磅

来 访 卡　文鼎特粗宋　36 磅

VISITOR CARD　Avant Garde(Bold)　14 磅

- **线　　条**：

线　　条　0.5 磅

单位标识看板

- 规 格：600*400mm
- 材 料：进口双色板
- 制 作：电脑雕刻
- 文 字：

各单位中文名称	文鼎特粗宋
各单位英文名称	Avant Garde

- 色 彩：

标 志	m100y100	r42g43b212
Baidu.com,Inc	m100y100	
文 字	k100	
底 色	c3m15y25k18	
英文底色	c16m8y5k11	

部门标牌

- **规　格**：300*180
- **材　料**：
- **制　作**：电脑雕刻
- **色　彩**：

标　志	m100y100	r42g43b212
部门中文名称	m100y50k50	
部门英文名称	k100	
部门英文名称外框	m100y50k50	

- **文　字**：

部 门 名 称	文鼎特粗宋	30 磅
部门英文名称	Avant Garde	12 磅
	文字较多时 100%	
	文字较少时 120%	

- **线　条**：

部门英文名称外框　1 磅

folder 1

● **规 格：** 230*305

● **材 料：**

● **色 彩：**

标 志 m100y100 r42g43b212

底 色 c3m15y25k18

圆 点 1 m30y35k35

圆 点 2 m100y50k50

百度网络技术（北京）有限公司 VI 识别手册 37

folder 2

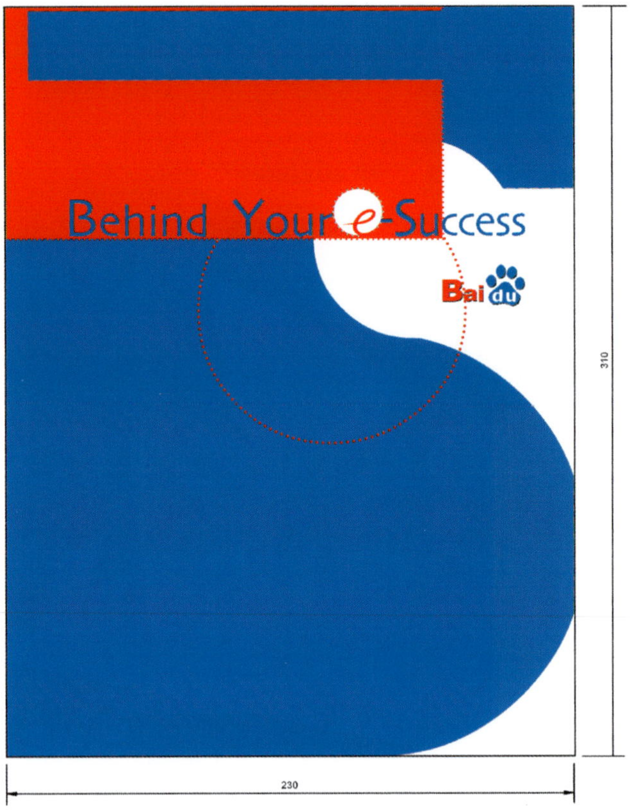

- 规　格：230*305
- 材　料：
- 色　彩：

标　志　m100y100　r42g43b212

底　色　r42g43b212

色　块　m100y100

VI识别手册

百度网络技术(北京)有限公司

38

纸袋 2

百度网络技术(北京)有限公司 VI 识别手册 40

纸杯

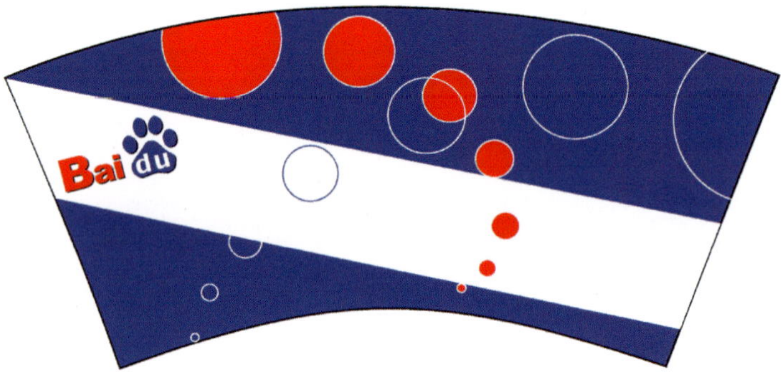

百度网络技术(北京)有限公司 VI识别手册

41

第三节 联想集团视觉形象识别系统

一、基础系统

基础系统包括简介、企业标志（同“识”）、企业颜色、企业字体、图片风格等五方面内容。较之前四章内容，这里对图片风格的规定，是一大亮点。

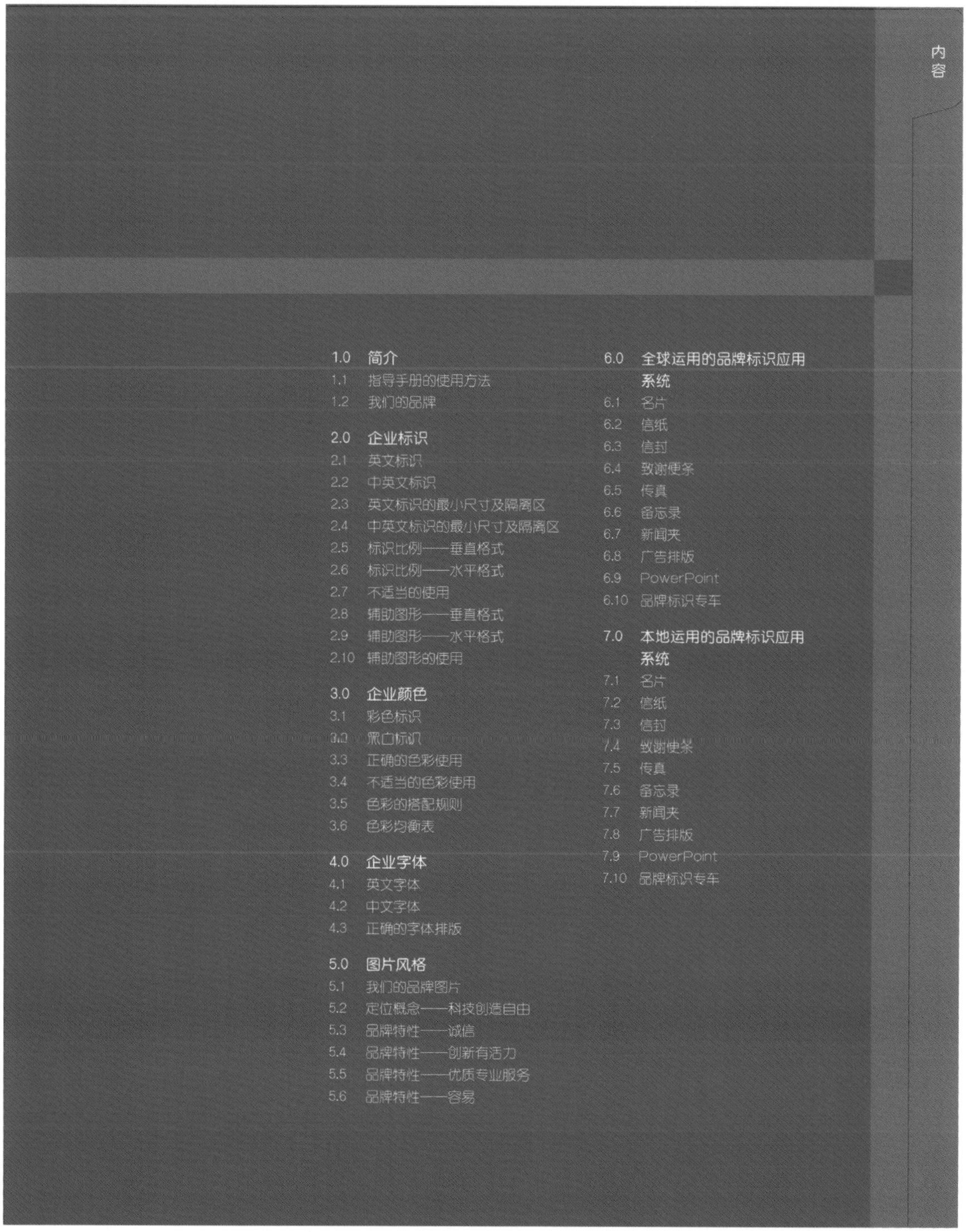

内容

1.0 简介
1.1 指导手册的使用方法
1.2 我们的品牌

2.0 企业标识
2.1 英文标识
2.2 中英文标识
2.3 英文标识的最小尺寸及隔离区
2.4 中英文标识的最小尺寸及隔离区
2.5 标识比例——垂直格式
2.6 标识比例——水平格式
2.7 不适当的使用
2.8 辅助图形——垂直格式
2.9 辅助图形——水平格式
2.10 辅助图形的使用

3.0 企业颜色
3.1 彩色标识
3.2 黑白标识
3.3 正确的色彩使用
3.4 不适当的色彩使用
3.5 色彩的搭配规则
3.6 色彩均衡表

4.0 企业字体
4.1 英文字体
4.2 中文字体
4.3 正确的字体排版

5.0 图片风格
5.1 我们的品牌图片
5.2 定位概念——科技创造自由
5.3 品牌特性——诚信
5.4 品牌特性——创新有活力
5.5 品牌特性——优质专业服务
5.6 品牌特性——容易

6.0 全球运用的品牌标识应用系统
6.1 名片
6.2 信纸
6.3 信封
6.4 致谢便条
6.5 传真
6.6 备忘录
6.7 新闻夹
6.8 广告排版
6.9 PowerPoint
6.10 品牌标识专车

7.0 本地运用的品牌标识应用系统
7.1 名片
7.2 信纸
7.3 信封
7.4 致谢便条
7.5 传真
7.6 备忘录
7.7 新闻夹
7.8 广告排版
7.9 PowerPoint
7.10 品牌标识专车

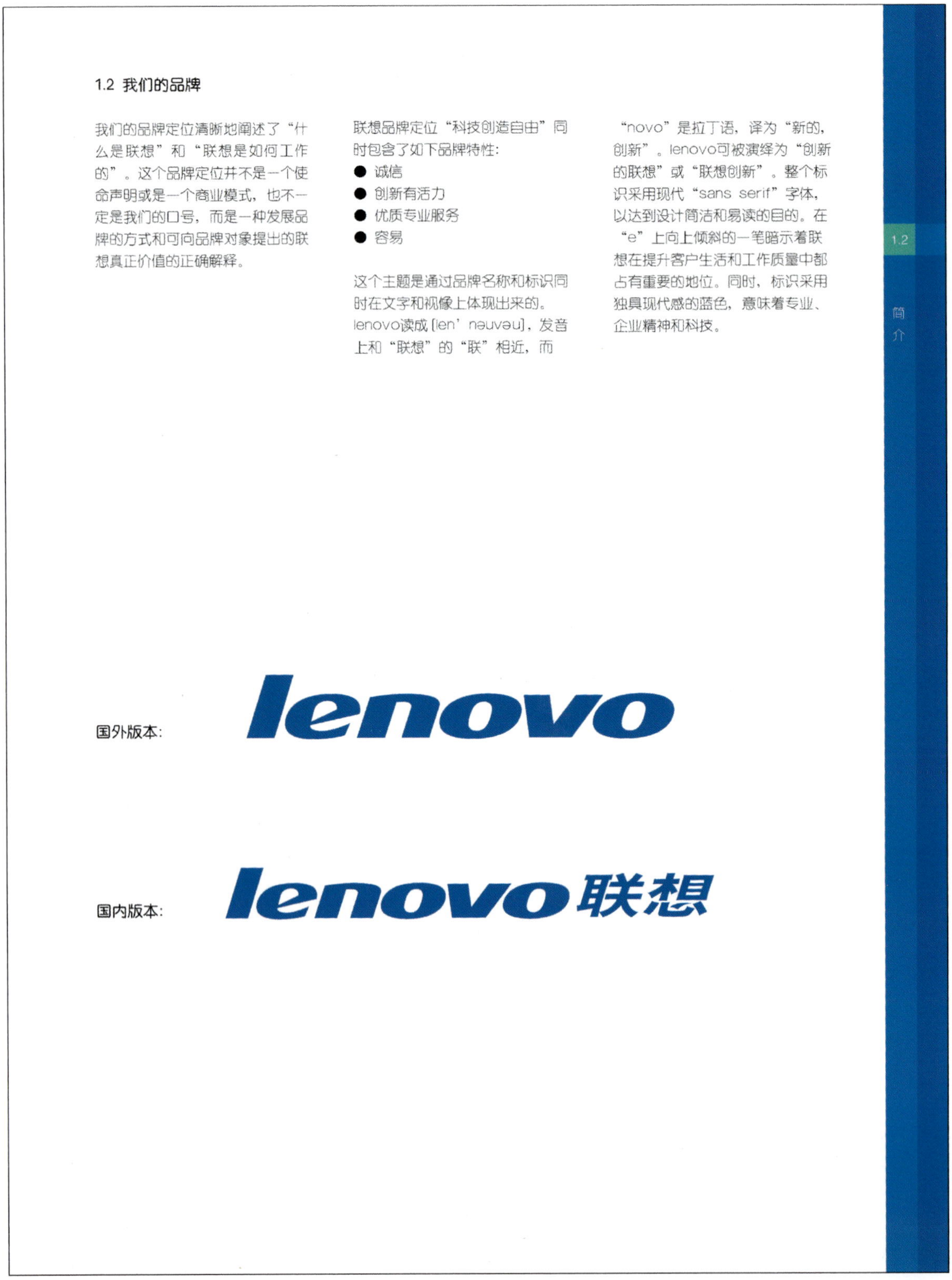

1.2 我们的品牌

我们的品牌定位清晰地阐述了“什么是联想”和“联想是如何工作的”。这个品牌定位并不是一个使命声明或是一个商业模式，也不一定是我们的口号，而是一种发展品牌的方式和可向品牌对象提出的联想真正价值的正确解释。

联想品牌定位“科技创造自由”同时包含了如下品牌特性：

- 诚信
- 创新有活力
- 优质专业服务
- 容易

这个主题是通过品牌名称和标识同时在文字和视像上体现出来的。lenovo读成[len' nəuvəu]，发音上和“联想”的“联”相近，而“novo”是拉丁语，译为“新的，创新”。lenovo可被演绎为“创新的联想”或“联想创新”。整个标识采用现代“sans serif”字体，以达到设计简洁和易读的目的。在“e”上向上倾斜的一笔暗示着联想在提升客户生活和工作质量中都占有重要的地位。同时，标识采用独具现代感的蓝色，意味着专业、企业精神和科技。

1.2 简介

国外版本：

国内版本：

联想控股有限公司（简称“联想控股”）成立于1984年，由中国的中国科学院计算所投资20万元人民币，柳传志等11名科研人员创立。联想控股的投资业务包括为核心资产运营、资产管理、联想之星孵化器投资三大板块。未来将通过“购建”核心运营资产板块中所涉及的领先企业以实现跨越式成长。国外版本的标志，其英文较大；国内版本将中英文组合在一起使用，英文字母相对缩小。

2.7 不适当的使用

图09　不要使用色彩不饱和的标识
图10　不要重新绘制标识或为标识加上外边
图11　不要为标识添加阴影
图12　不要修改标识的比例
图13　不要使用扭曲变形的标识
图14　不要修改标识的排版结构
图15　不要在图片背景上使用对比不明显的标识，尽量将标识放置于单色并有足够空间的背景上
图16　不要在有明显冲突的、有影响的或妨碍标识形状的背景上印刷标识

2.7
企业标识

图09

图10

图11

图12

图13

图14

图15

图16

不适当的场合，不适当的使用方式，均会对企业形象造成视觉污染。

3.1 企业颜色

联想标识主色调为联想蓝如图22，代表值得信赖，专业和创新的品牌特性。
图23为联想蓝之色彩参考资料。正确的色彩使用，请参照3.3部分的说明。

图22

联想蓝	专用色 Pantone 301C/Pantone 301U
印刷色	C.100 M.50 Y.0 K.20
RGB	R.25 G.73 B.136

图23

联想采用蓝色作为企业颜色。蓝色透射出从事高精尖科技的企业经营，冷静、睿智、精密。印刷时使用CMYK 模式输出，在屏幕显示时使用 RGB 色彩管理模式准确显示。

3.3 正确的色彩使用

联想的标识在印刷品系统中只能采用联想蓝，黑色和白色。虽然没有严格界定背景色，但是只要有可能，白色是首选的背景色。

色彩使用范例如下：
图26、27 白色背景，用黑色或联想蓝标识。
图28、29 浅色背景，只能使用黑色标识。
图30、31 深色背景，用白色标识。

在以下颜色的背景上不要采用联想蓝，建议使用白色标识。
图32 金属色、图33联想灰、图34联想蓝、图35 黑色

3.3

企业颜色

图26　图27

图28　图29

图30　图31

图32　图33

图34　图35

白底蓝字或蓝底白字输出是首选，如遇到障碍时，也可以采用以上几种色彩显示或输出，但注意文字宜使用白色或黑色。

3.4 不适当的色彩使用

图36　不要改变联想蓝的构成
图37　不要在标识上同时使用两种颜色或任何其它未指定的颜色
图38　不要把未采用联想蓝的标识放置在不协调的色彩背景上

图39　不要把标识放在可影响标识效果的背景上
图40　不要把采用联想蓝的标识放置在深色的背景上
图41　不要把企业标识放置在花哨的画面上

图42　不要把联想黑色的标识放置在联想蓝的背景上
图43　不要使用色彩不饱和的标识

3.4 企业颜色

图36

图37

图38

图39

图40

图41

图42

图43

色彩对视觉的刺激最快，冲击力最强，使用时必须严格按照色彩规范。上图举例说明几种常见的颜色错误使用，非常具体、明确。

3.5 色彩的搭配规则

企业主色调是联想蓝如图44，黑色和白色是备选色。标识的色彩只能使用联想蓝，黑色和白色。

辅助色是联想绿（图45）和联想灰（图46），建议在辅助图形和文本中使用，以衬托联想蓝。

3.5 企业颜色

联想蓝	专用色 Pantone 301C/301U
印刷色	C.100 M.50 Y.0 K.20
RGB	R.25 G.73 B.136

图44

联想绿	专用色 Pantone 7473C/7473U
印刷色	C.70 M.0 Y.40 K.10
RGB	R.71 G.168 B.136

图45

联想灰	专用色 Pantone 443C/443U
印刷色	C.10 M.0 Y.10 K.30
RGB	R.157 G.171 B.154

图46

联想绿和联想灰是辅助色彩，配合着联想蓝进行使用，一般在辅助图形和文本中使用，衬托联想蓝。从色彩关系角度看，这种绿和灰能很好地调和蓝色调，使得其蓝色不会过渡阴冷。

4.3 正确的字体排版

中文如图48和英文如图49的文本在排版时都应使用左对齐，注意大小写。正文应是在浅色背景上使用黑色文字或在深色背景上使用白色文字。为了使标题突出，标题应使用加粗字体并可使用联想指定颜色的主色调或辅助色。

4.3

企业字体

中文字体排版

全面解决方案与服务的公司

致力于运用先进的现代科技提供可信赖的资讯技术、工具和服务，使人们的生活和工作更加简便、高效、丰富多彩。联想以诚信为本，注重客户感受。我们的专业团队凭借对用户需求的准确把握，专注技术和方案的开发，力求领导创新的潮流，并结合完善的管理和服务体系，确保带给您最便捷的工作体验，最简约的生活感受。联想，为您营造一个更自由的生活空间，更广阔的商务领域。对于个人消费者：联想全心全意为您演绎科技生活的自由体验，通过易用的电脑，时尚轻巧的数码产品及无处不在的销售服务体系，您和您的家人将真正看到、听到、并感受到梦想成真所带来的轻松和欢愉。联想始终以尊敬和关怀的态度、伙伴的心和创新前瞻的眼光为您量身定制每项产品与服务，从前端的电脑产品到后台伺服器，从丰富的外设产品到专业的IT服务，联想确保助您高效便捷地开拓新的商机。

图48

英文字体排版

Technology solutions through our products and services

We look to provide the most advanced and trusted IT tools and services so that people can enjoy the convenience, efficiency and choice they deserve. Legend core belief revolves around trust and a keen focus on customer needs and aspirations. Our professional teams have an in-depth understanding of customer focusing the development of new technology and solutions to lead innovation, and the management expertise to ensure you the most efficient working experience and a life simplified. Legend-expanding both your lifestyle and business horizons. Legend brings the latest digital innovations, easy-to-use computing technology, convenient network and friendly service systems to you and your family.Your dream of a carefree life is our reality.

图49

联想是一个跨国企业，业务遍及世界各地，这就要求其视觉识别系统更细致、更精确。联想企业在中英文的排版上都做了具体的规定，必须严格遵照使用。

5.1 我们的品牌图片

品牌形象的意义要远远大于简单的标识。在接下来几页所展示的图片中，我们可以看到如何使用适当的图片清晰地诠释出联想的品牌定位：“科技创造自由”和联想的品牌特性：“诚信”、“创新有活力”、“优质专业服务”、和“容易”。我们总是选择易于理解和接受的、同时能准确反映品牌特性的图片，以获得最大的视觉冲击力。以下是“科技创造自由”的合成视像表现图。有关视像色彩调配标准，图片合法使用的相关事项请与联想品牌小组联系。

5.1

图片风格

图50

细节决定成败。联想企业在图片的风格上有明确的要求：“科技创造自由”“诚信”“创新”“有活力”“优质专业服务”等这些理念在图片的形式和内容方面均有体现。

二、应用系统

6.2 信纸

尺寸 210×297毫米(A4)

联想标识 35毫米宽

排版 公司英文名称8pt Helvetica Bold；英文地址6.5/9.5pt Helvetica Roman

材质 Conqueror Smooth Wove, Diamond White Wove100gsm

210mm

21mm

21mm

9mm

lenovo

Legend (BeiJ ing) Limited

tel. 8610 8287 8888 fax. 8610 8287 6630-32

www.lenovo.com

12/F Kinwick Centre
32 Hollywood Road
Central, Hong Kong

26 Fdbruary 2003

Dear Sir

We look to provide the most advanced and trusted IT tools and services so that people can enjoy the convenience, efficiency and choice they deserve.

Lenovo's core belief revolves around trust and a keen focus on customer's needs and aspirations. Our professional teams have an in-depth understanding of customer's focusing the development of new technology and solutions to lead innovatio, and the management expertise to ensure you the most efficient working experience and a life simplified.

Lenovo - expanding both your lifestyle and business horizons.

Lenovo brings the latest digital innovations, easy-to-use computing technology, convenient network and friendly service systems to you and your family.Your dream of a carefree life is our reality.

sincerely

John li

297mm

21mm

35mm

30mm

6.4　致谢便条

尺寸　210 × 98毫米
联想标识　35毫米宽

排版　公司英文名称8pt Helvetica Bold；英文地址 6.5/9.5pt Helvetica Roman

材质　Conqueror Smooth Wove, Diamond White Wove 100gsm

注释　所示样品为100%的实际图样

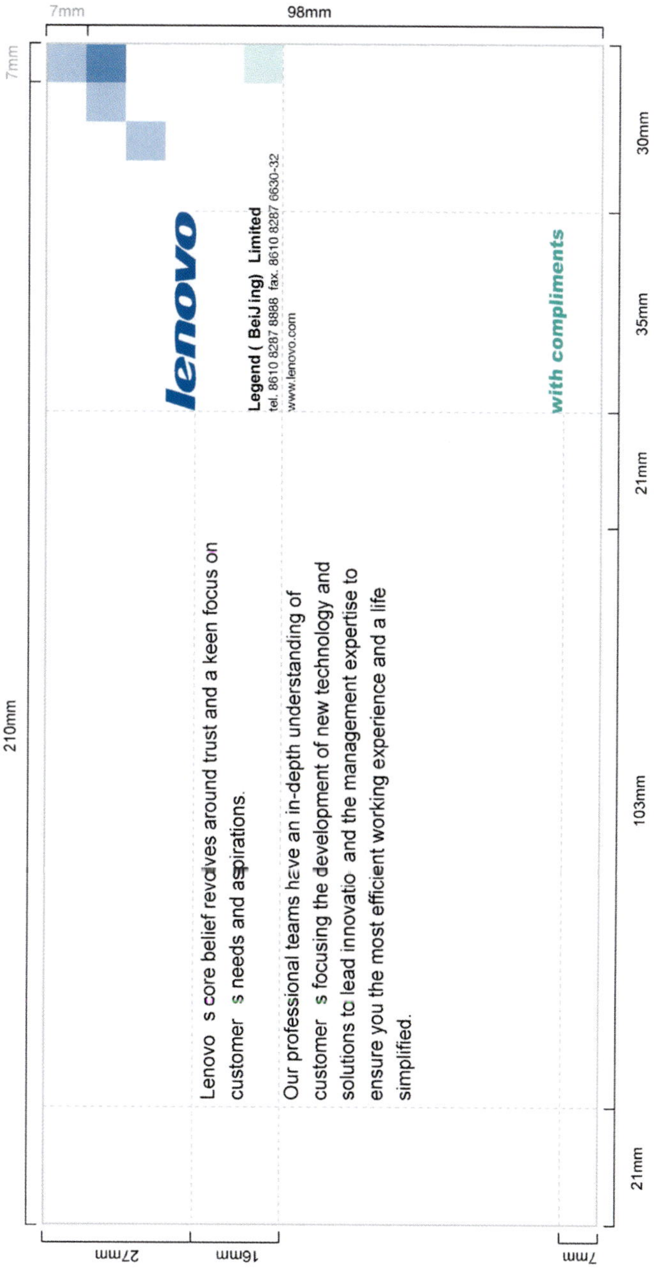

图69

7.4 致谢便条

尺寸 210 × 98毫米
联想标识 49毫米宽

排版 公司中文名称8pt粗圆体；公司英文名称8pt Helvetica；中文地址7/9.5pt中圆体；
英文地址 6.5/9.5pt Helvetica Roman

材质 Conqueror Smooth Wove, Diamond White Wove 100gsm

注释 所示样品为100%的实际图样

图102

We make the tools. You make them do.

Lenovo for those who do.

第四节　全国青少年科技创新大赛视觉形象识别系统（应征稿）

一、基础系统

全国青少年科技创新大赛（China Adolescents Science & Technology Innovation Contest，CASTIC）简称创新大赛，是一项具有 20 多年历史的全国性青少年科技创新成果和科学探究项目的综合性科技竞赛，是面向在校中小学生开展的具有示范性和导向性的科技教育活动之一，是目前我国中小学各类科技活动优秀成果集中展示的一种形式。

全国青少年
科技创新大赛

标志设计说明

1、无穷大的符号演变而来，寓意创新大赛的核心价值是无限可能；
2、用“28”的结合体造型，代表本届28届大赛；同时标志又是三个青少年拥抱在一起欢快舞蹈的造型，表现青少年的活力，同时象征着青少年快乐创新、寓学于乐的主题；
3、标志融合江苏简称“苏”的首字母“S”于其中，代表本届大赛的举办地；标志同时同时通过环绕形状象征科技星云，说明创新是无穷尽的探索。

标志标准色彩

标志采用多色渐变的手法，体现青少年的活力与热情；同时控制色彩的面积对比，通过大面积的蓝色表现科技；整体处理出晶莹的视觉效果表现创新，符合当下审美潮流；整体多色对比和谐，有很好的视觉冲击力；为后期的应用色彩打下很好的基础。

色彩面积对比

色彩渐变标准

色彩色相标准

全国青少年科技创新大赛

标志字体设计结构分析

标志字体沿用标志的圆形切割手法，从而使得字体与标志在视觉上统一；在确保可识别性的基础上，又有明确的字体性格特征；

辅助图形系统一

为了可以与标志和谐搭配设计了这款字体，使其区别于字库里的任何一款字体，也为本次大赛赋予了独特的性格特征。

全国青少年
科技创新大赛

辅助图形系统二

为了可以与标志和谐搭配设计了这款字体，使其区别于字库里的任何一款字体，也为本次大赛赋予了独特的性格特征。

辅助图形是标志图形的拓展和延伸，它在应用系统的设计用途非常之多，为的是烘托氛围，突出主体，进一步诠释视觉整体形象。以上两个辅助图形方案精美、二方连续和四方连续设计独到匠心，图形既时尚活泼，又不乏科技感。

二、应用系统

全国青少年
科技创新大赛

应用系统——名片二效果图

异型折页的名片，曲线边口，延续了标志的流畅风格，大方、简洁。

全国青少年
科技创新大赛

应用系统——信封

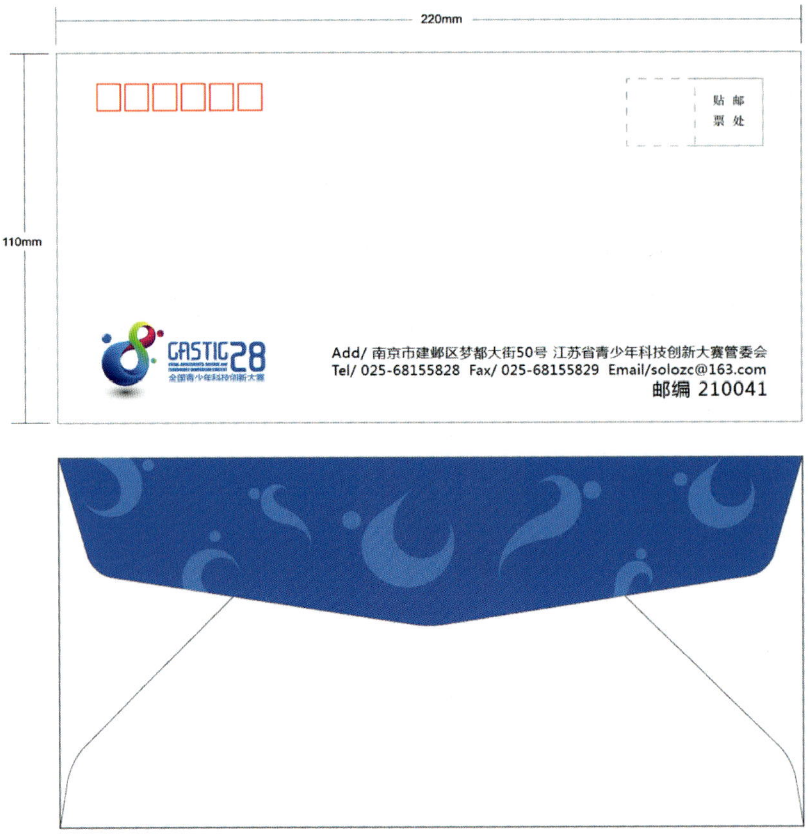

信封的统一规格和尺寸不能随意改动，设计师在底部和封口分别添加了标志组合和辅助图形，少量的视觉元素，恰到好处的简洁设计。

全国青少年科技创新大赛

应用系统——证件

不同证件，通过不同的色彩区分，体现不能人群特质。

全国青少年
科技创新大赛

应用系统——徽章

徽章（纪念章）图形或是标志图形的运用，或其灵感来源于标志图形，图形精美，又较高的保存价值和纪念意义。

全国青少年
科技创新大赛

应用系统——道旗设计

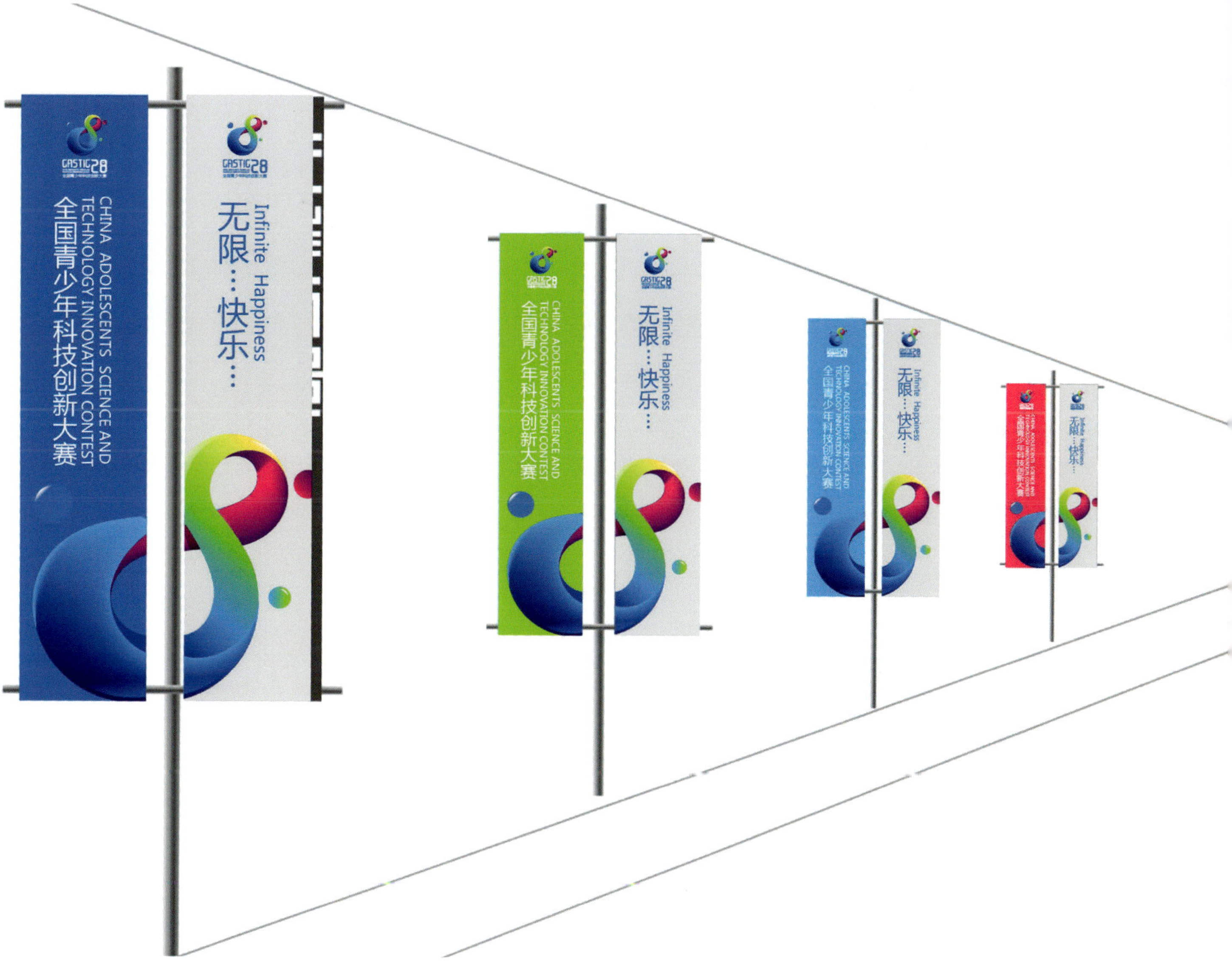

统一、标准的道旗设计，或是大赛全称，或是大赛主题口号，整齐划一，大赛的氛围充盈空间。

全国青少年
科技创新大赛

应用系统——手提袋

手提袋，常规尺寸，便于携带和保存；色彩以蓝色为主调，辅以绿、黄、红、紫等色彩调和；加之出血的辅助图形，使得手提袋风格青春、时尚、活泼。

全国青少年
科技创新大赛

应用系统——t血衫

放大的图形，细小的标志，对角呼应，使得画面出现一种均衡感。

全国青少年
科技创新大赛

应用系统——光盘设计

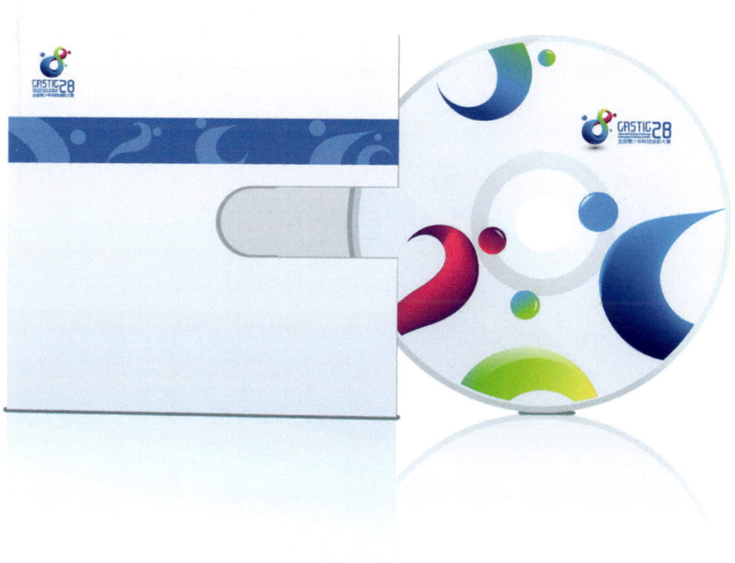

全国青少年
科技创新大赛

应用系统——路牌设计

擎天柱广告，画面图形大且醒目，辅助图形的运用使得画面生动活泼。充分体现了大赛视觉形象的统一化、标准化和正规化，且更坚定，更深刻。

参考文献

[1] 云双庆. CI 设计 [M]. 北京：中国青年出版社，2009.

[2] 王绍强. 品牌整体设计 [M]. 南宁：广西美术出版社，2011.

[3] 曹方. 视觉传达设计原理 [M]. 南京：江苏美术出版社，2005.

[4] 中国广告杂志社. 中国影视广告案例年鉴（2009—2010）[M]. 上海：东方出版中心，2010.

[5] 舒咏平. 中国大品牌 [M]. 北京：人民出版社，2012.

[6] 加文·安布罗斯，保罗·哈里斯著，张馥玫译. 创造品牌的包装设计（第 1 版）[M]. 北京：中国青年出版社，2012.

[7]（美）Alina Wheeler. Designing Brand Identity [M]. WILEY 教材出版商，2009.